ÉTUDES

SUR LES ANTIQUITÉS JURIDIQUES D'ATHÈNES

LE DROIT

DE

SUCCESSION LÉGITIME

A ATHÈNES

PAR

E. CAILLEMER

CORRESPONDANT DE L'INSTITUT

DOYEN DE LA FACULTÉ DE DROIT DE LYON

PARIS	CAEN
ERNEST THORIN	F. LE BLANC-HARDEL
7, rue de Médicis	2, rue Froide

1879

LE DROIT

DE

SUCCESSION LÉGITIME

A ATHÈNES

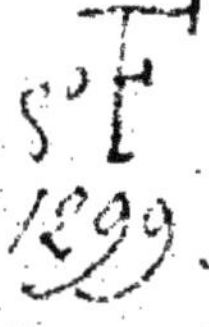

ÉTUDES

SUR LES ANTIQUITÉS JURIDIQUES D'ATHÈNES

LE DROIT

DE

SUCCESSION LÉGITIME

À ATHÈNES

PAR

E. CAILLEMER

CORRESPONDANT DE L'INSTITUT

DOYEN DE LA FACULTÉ DE DROIT DE LYON

PARIS   CAEN

ERNEST THORIN   **F. LE BLANC-HARDEL**

7, rue de Médicis   2, rue Froide

1879

LE DROIT

DE SUCCESSION LÉGITIME

A ATHÈNES

Dans cette étude sur les antiquités juridiques d'Athènes, nous allons essayer d'exposer, aussi complètement que possible, les règles qui présidaient à la dévolution des successions *ab intestat*.

Ce sujet a toujours été considéré comme le plus obscur de tout le droit civil athénien, et, bien que plusieurs monographies spéciales lui aient été consacrées (1), nous pouvons dire, sans méconnaître

(1) N. Volkmar, *De intestatorum Atheniensium heredita-tibus*, Francfort-sur-l'Oder, 1778 ; W. Jones, *Isée*, Oxford, 1779 ; C. G. Bunsen, *De jure hereditario Atheniensium* :

1

les efforts de nos prédécesseurs, que toutes les difficultés n'ont pas été résolues.

Si tous les discours des orateurs athéniens dont les titres nous ont été conservés étaient parvenus jusqu'à nous, ils nous auraient sans doute fourni des documents précieux pour notre étude ; mais le temps ne les a guère épargnés. Le plaidoyer d'Isée sur la succession d'Archépolis (1), les plaidoyers de Lysias sur les successions d'Androclide (2), de

Göttingue, 1813 ; E. Gans, *Das Erbrecht in weltgeschichtlicher Entwickelung*, Berlin, 1834 ; C. de Boor, *Ueber das attische Intestaterbrecht*, Hambourg; 1838 ; H. Schelling, *De Solonis legibus*, Berlin, 1842 ; C. Giraud, *Du droit de succession chez les Athéniens (Revue de législation*, t. XVI, p. 97 et s.), Paris, 1842 ; D. E. Maurocordato, *Thèse pour le doctorat en droit*, Paris, 1847 ; E. Schneider, *De jure hereditario Atheniensium*, Munich, 1851. — Hermann, *Privatalterthümer*, 2ᵉ édition, § 64, 3, cite encore : Seifert, *De jure hereditario Atheniensium*, Greifswald, 1842, et plusieurs articles de critique, publiés dans des Revues allemandes, par Platner, Schœmann, Hermann, etc.—M. Georges Perrot, *L'Éloquence politique et judiciaire à Athènes*, première partie, 1873, p. 339 et suiv., a récemment tracé « une esquisse des lois suivant lesquelles à Athènes les biens se transmettaient de génération en génération. » — Enfin, M. Grasshoff vient de publier un premier fascicule de *Symbolæ ad doctrinam juris attici de hereditatibus*, Berlin, 1877. — M. Van den Es, recteur du gymnase d'Utrecht, auteur d'un remarquable mémoire *De jure familiarum apud Athenienses*, Leyde, 1864, prépare, depuis plusieurs années, une dissertation sur le droit de succession à Athènes.

(1) Didot, *Oratores attici*, t. II, p. 323.

(2) *Eod. loc.*, p. 291.

Diogène (1), d'Hégésandre (2), de Théopompe (3), de Macartatos (4), de Polyen (5), ceux d'Hypéride sur les successions d'Hippée (6) et de Pyrrhandre (7), ceux de Dinarque sur les successions d'Archéphon (8) et de Mnésiclès (9) sont perdus. D'autres discours, relatifs à des ἐπιδικασίαι d'épiclères, composés par Lysias pour les filles d'Antiphon (10), d'Onomaclès (11) et de Phrynichos (12), par Isée contre Lysibios (13) et contre Satyros (14), par Dinarque pour la fille d'Iophon (15) et pour une autre héritière réclamée par Hégélochos (16), ont également péri. Nous sommes réduits à consulter les onze discours d'Isée (17), qui tous se rapportent,

(1) *Eod. loc.*, p. 267.
(2) *Eod. loc.*, p. 273.
(3) *Eod. loc.*, p. 273.
(4) *Eod. loc.*, p. 282.
(5) *Eod. loc.*, p. 289.
(6) *Eod. loc.*, p. 412.
(7) *Eod. loc.*, p. 423.
(8) *Eod. loc.*, p. 452.
(9) *Eod. loc.*, p. 452.
(10) *Eod. loc.*, p. 258.
(11) *Eod. loc.*, p. 288.
(12) *Eod. loc.*, p. 297.
(13) *Eod. loc.*, p. 337.
(14) *Eod. loc.*, p. 341.
(15) *Eod. loc.*, p. 451.
(16) *Eod. loc.*, p. 451. — Nous ne citons pas un discours d'Isée sur la succession d'Alexandre, Didot, II, p. 323, parce qu'il nous paraît certain que ce discours est le même que celui qu'Isée composa pour la succession d'Aristarque.
(17) Didot, *Oratores attici*, I, p. 236 et suiv.

de près ou de loin, à des contestations héréditaires,
et les trois discours de Démosthène contre Macartatos (1), contre Dionysodore (2) et contre
Léocharès (3).

Il faut même procéder avec la plus grande réserve
dans l'examen de ces plaidoyers. Nous savons, en
effet, que, lorsqu'une riche succession venait à s'ou-
vrir, les prétentions les plus injustes et les plus
invraisemblables ne tardaient pas à se faire jour,
et qu'elles trouvaient des défenseurs. — Quand
Nicostrate, dont la fortune s'élevait à deux talents,
fut frappé par la mort, de toutes parts se présen-
tèrent des gens qui voulaient recueillir sa fortune.
Les uns, qui ne l'avaient jamais connu, se cou-
vrirent de vêtements de deuil et pleurèrent comme
fils adoptifs, comme neveux, comme cousins, ce
parent improvisé. D'autres, n'espérant pas faire
admettre ce mensonge, invoquèrent soit des dona-
tions, soit des testaments, soit des condamnations
judiciaires qui leur attribuaient une partie de l'héritage. Il s'en trouva même qui soutinrent que
jadis le défunt avait été leur esclave, qu'ils lui
avaient donné la liberté, et qu'ils devaient comme
patrons recueillir la succession de leur affranchi.
Le plus hardi de tous réclama l'hérédité, non pas
pour lui, mais pour un jeune enfant de trois ans,
auquel, disait-il, Nicostrate avait donné la vie à

(1) Reiske, p. 1049 et suiv.
(2) Reiske, p. 1282 et suiv.
(3) Reiske, p. 1079 et suiv.

Athènes, bien qu'il fût de notoriété publique que depuis neuf ans il n'avait pas paru dans cette ville (1). — Qu'on ne s'extasie donc pas devant l'impudence des hérédipètes de Rome ; ils restaient bien loin en arrière de leurs confrères d'Athènes. Le mal était si grand que, pour y remédier, l'orateur Isée proposait de condamner tout individu, qui succombait dans une pétition d'hérédité, à payer au trésor public, non pas une simple amende, mais une somme égale à la valeur de la succession injustement réclamée. « Grâce à cette pénalité, disait-il, les lois d'Athènes ne seront plus outrageusement violées ; les véritables héritiers seront protégés contre des attaques mal fondées, et on ne prétera plus aux défunts des volontés qu'ils n'ont jamais eues (2). »

En attendant les réformes proposées, Isée ne dédaignait pas de spéculer sur l'ignorance des juges et de préter son ministère aux gens avides qui, contrairement aux lois, voulaient s'emparer d'une succession. « Caché derrière le plaideur pour lequel il écrivait, le logographe employait, sans être retenu par aucune honte, toutes les ruses du métier ; il ne se familiarisait que trop avec les moyens de colorer, d'arranger, d'altérer la vérité, en parcourant tous les degrés qui, de l'hyperbole ou de la réticence, conduisent insensiblement jusqu'au mensonge (3). »

---

(1) Isée, *De Nicostrati hereditate*, §§ 7-9, Didot, p. 262.
(2) Isée, *loc. cit.*, § 11.
(3) H. Weil, *Les Harangues de Démosthène*, 1873, p. xiv.

Ainsi, les documents peu nombreux que les orateurs nous ont conservés doivent être utilisés avec discrétion, et l'on peut toujours craindre de tomber dans quelque piége destiné aux Héliastes.

Les difficultés que nous venons de signaler seront notre excuse si l'étude que nous soumettons au jugement des lecteurs leur paraît encore très-imparfaite.

CHAPITRE PREMIER.

DES DIVERS ORDRES DE SUCCESSIBLES.

Pour être admis à succéder, d'après le droit attique, il fallait avoir l'ἀγχιστεία (1).

L'ἀγχιστεία, ou aptitude légale à recueillir une hérédité, ne doit pas être confondue avec la συγγένεια, ou parenté reposant sur le lien du sang (2). Une personne peut

(1) Nous ne croyons pas devoir suivre l'exemple de plusieurs de nos prédécesseurs qui ont, au début de leur travail, essayé de donner des définitions précises des mots γένος, συγγένεια, οἶκος, etc., que l'on rencontrera si fréquemment dans le cours de cette étude. A l'origine, chacun d'eux a pu avoir une signification particulière nettement déterminée ; mais, avec le temps, la ligne de démarcation qui les séparait s'est effacée et le sens de chacun d'eux s'est considérablement étendu.

(2) Nous n'avons pas à parler ici de l'alliance ; les alliés, οἱ οἰκεῖοι, οἱ κατ' ἐπιγαμίαν προσήκοντες τοῖς οἴκοις (Bekker, Anec-

être parente d'une autre personne sans que la loi
lui accorde de droits sur l'hérédité de cette dernière. Les cousins éloignés, par exemple, sont des
συγγενεῖς ; ils descendent d'un auteur commun, et
le même sang coule dans leurs veines ; l'enfant né
hors mariage se rattache à son père naturel par
le lien de parenté le plus intime ; et cependant
ni les cousins éloignés (1), ni l'enfant naturel (2)
ne sont des ἀγχιστεῖς. En revanche, l'ἀγχιστεία
appartient à l'enfant adoptif, qui pourtant ne se
rattache au défunt que par une filiation purement
civile.

L'ἀγχιστεία est donc l'œuvre du législateur : ἔδωκεν
ὁ νομοθέτης τὴν ἀγχιστείαν καὶ τὴν κληρονομίαν (3). Il
la donne, sans doute, en tenant grand compte de
la parenté ; très-souvent les successibles sont les
parents les plus proches : οἱ ἐγγυτάτω γένους (4). Mais
il se préoccupe aussi, par des considérations d'ordre
public, d'harmoniser le droit de succession avec
l'organisation sociale et les institutions politiques
et religieuses du pays. Voilà pourquoi la loi n'est
pas toujours en cette matière d'accord avec la nature ; voilà pourquoi certains parents, qui, d'après
le droit naturel, devraient marcher au premier

dota græca, I, p. 213), restent complètement en dehors du
droit de succession.

(1) Isée, *De Hagniæ hereditate*, § 3, Didot, p. 309.
(2) Démosthène, C. *Macartatum*, § 51, Reiske, p. 1067.
(3) Démosthène, C. *Macartatum*, § 50, Reiske, p. 1066.
(4) Démosthène, C. *Leocharem*, § 2, Reiske, p. 1081.

rang, sont rejetés assez loin d'après le droit positif de l'ἀγχιστεία (1).

Nous allons, dans les sections qui suivent, rechercher quels sont les ἀγχιστεῖς, et dans quel ordre le droit attique les appelle à la succession.

(1) Isée, *De Hagniæ hereditate*, § 17, Didot, p. 312.

SECTION PREMIÈRE.

DES DESCENDANTS.

SOMMAIRE. — § I. Les descendants, à quelque degré qu'ils soient, excluent les autres parents. — § II. Les fils excluent les filles. — § III. On ne distingue pas entre les fils légitimes et les fils adoptifs ; mais on ne tient pas compte des enfants donnés en adoption, des enfants exhérédés, ni des enfants naturels. — § IV. Le droit d'aînesse n'est pas admis. — § V. De la représentation. — § VI. Indivision entre frères. — § VII. Succession échue à une fille ; demande en justice de l'héritière. — § VIII. Succession échue à plusieurs filles. — § IX. Concours des filles et des petits enfants nés des filles. — § X. Règles spéciales aux filles pauvres.

§ I.

LE premier ordre de successibles était naturellement composé des descendants du défunt, fils légitimes ou adoptifs, petits-enfants, arrière-petits-enfants, et ainsi de suite indéfiniment.

I. — Bunsen a cependant soutenu que le droit de succession dans la ligne directe descendante s'arrêtait au troisième degré inclusivement; que, par conséquent, une personne pouvait succéder à son père, à son aïeul et à son bisaïeul; mais qu'elle ne pouvait faire valoir aucun droit sur la succession de son trisaïeul (1). — Cette opinion est fondée sur deux textes d'un discours d'Isée : « Les parents sont, dit l'orateur, la mère et le père, l'aïeul et l'aïeule, la bisaïeule et le bisaïeul, s'ils vivent encore. Ces personnes sont la souche de la famille, ἀρχὴ τοῦ γένους, et leurs biens sont transmis à leurs descendants, καὶ τὰ ἐκείνων παραδίδοται τοῖς ἐγγένεσι (2). » Plus loin, le même orateur ajoute : « Tous, vous succédez aux biens de vos pères, de vos aïeuls, de vos bisaïeuls, τῶν πατρῴων, τῶν παππῴων, τῶν ἔτι περαιτέρω κληρονομεῖτε. En vertu de droits incontestables, fondés sur les liens du sang, vous recueillez ces successions (3). » Isée limite donc le droit de venir à l'hérédité aux trois premiers degrés de la descendance; les autres degrés étaient exclus par la loi.

Nous ne dirons pas, avec M. Schelling (4), que toute discussion sur ce point manque d'intérêt pratique. Il est vrai que, si l'on admettait, sur la foi de Censorinus (5), que l'Athénien ne pouvait contracter mariage avant l'âge de trente-cinq ans, il serait inutile de se préoccuper de la succession du

(1) *De Jure hereditario Atheniensium*, p. 17.
(2) *De Cironis hereditate*, § 32, Didot, p. 295.
(3) *Eod. loc.*, § 34, Didot, p. 296.
(4) *De Solonis legibus apud oratores atticos*, p. 107.
(5) *De die natali*, c. XIV.

trisaïeul; car cet ascendant aurait nécessairement cent quarante ans de plus que ses descendants au quatrième degré. Mais, en acceptant un pareil point de départ, on commet une erreur manifeste. Les textes prouvent que le mariage était permis à l'Athénien dès qu'il avait atteint sa majorité (1), et, à la rigueur, un homme, qui n'était pas encore octogénaire, pouvait voir la quatrième génération de ses descendants. La difficulté prévue par Bunsen était donc de nature à se présenter dans la pratique; mais nous n'admettons pas la solution qu'il propose.

Pourquoi, en effet, donner aux textes d'Isée une interprétation restrictive, peu conforme aux principes du droit naturel? C'est la nature elle-même qui nous dit que la succession doit être déférée aux descendants du défunt, à l'exclusion de tous les autres parents (2), et, pour faire échec à cette règle, il faudrait citer un texte précis, que Bunsen n'a pas rencontré dans les passages d'Isée sur lesquels il s'appuie. Dans le premier, l'orateur se borne à dire quels sont les ascendants compris sous le nom vulgaire de γονεῖς: le père, l'aïeul, le bisaïeul; les ascendants des degrés plus éloignés étaient, dans le langage habituel, appelés πρόγονοι (3). Ce texte est donc sans importance au point de vue qui nous occupe. Quant au second passage, loin de nous

(1) Démosthène, *C. Bœotum*, II, § 4, Reiske, p. 1009.
(2) Voir Isée, *De Philoctemonis hereditate*, § 28, Didot, p. 277.
(3) Schœmann, *Ad Isæum*, p. 393.

être défavorable, il nous paraît condamner formellement la restriction proposée par Bunsen. Il ne dit pas seulement qu'on succède à son père, à son aïeul et à son bisaïeul ; il dit qu'on peut hériter de son père, de son aïeul et de ses ascendants des degrés plus éloignés, καὶ τῶν ἔτι περαιτέρω (1).

Nous croyons donc que, quel que fût leur degré, les descendants l'emportaient sur tous les autres parents (2).

II. — Par suite d'une autre erreur qu'il nous semble bien difficile d'expliquer, M. Schelling (3) a soutenu que, si le père ne laissait que des filles, sa succession se partageait par moitié entre ces filles et les autres héritiers du degré le plus rapproché : « Quod si ad filias defuncti deveniebat hereditas, quod fieri non poterat nisi nemine ex mascula prole superstite, animadvertendum est alterum dimidium filias habuisse, alterum proximos heredes, quos statim nominabimus (4). Lex enim apud Demosthenem jubet : Ἐὰν μὲν παῖδας καταλίπῃ ὁ ἀποθανὼν θηλείας ὡς τετάχθαι (5). »

(1) M. Grasshoff, *De successione ab intestato*, p. 19, dit très-justement : « Verbis enim τῶν ἔτι περαιτέρω non proavum solum ab oratore significatum esse puto, sed omnes deinceps avo superiores. »

(2) Schneider, *De jure hereditario Atheniensium*, p. 6-9 ; Hermann, *Privatalterthümer*, 2ᵉ édition, § 64, 12.

(3) *De Solonis legibus*, p. 108.

(4) *Eod. loc.*, p. 100 : « Proximus cognatus cum virgine κλήρῳ heres est. »

(5) Démosthène, *C. Macartatum*, § 51, Reiske, p. 1067.

Il faut, sans hésitation, rejeter cette doctrine et dire que les filles recueillaient la totalité de la succession de leur père, à l'exclusion de tous les collatéraux. Seulement, et c'est là peut-être ce qui a trompé M. Schelling, les collatéraux les plus rapprochés avaient le droit d'épouser les épiclères et de devenir par le mariage administrateurs de leur fortune. Mais il ne s'ensuit pas que le mari fût copropriétaire avec la fille; la propriété appartenait exclusivement à celle-ci; elle était réservée aux enfants à naître du mariage. Dès que ceux-ci avaient atteint leur majorité, ils devenaient les continuateurs légaux de la personne de leur aïeul, et cette qualité leur permettait de dépouiller leur père de l'administration de la fortune de leur mère.

Le texte de la loi citée par Démosthène, obscur et certainement tronqué, pourrait très-bien n'être qu'une reproduction infidèle de la loi, fréquemment citée par les orateurs, qui autorisait le père, lorsqu'il avait seulement des filles, à faire un testament, pourvu qu'il léguât tout à la fois ses filles et sa fortune : ἐν δὲ θηλείας καταλίπῃ, σὺν ταύταις (1).

---

(1) Isée, *De Pyrrhi hereditate*, § 68, Didot, p. 258; cf. § 42, Didot, p. 255, et *De Aristarchi hereditate*, § 13, Didot, p. 307. — M. H. Buermann, *Das attische Intestaterbfolgegesetz*, 1877, p. 381 (dissertation extraite du *Rheinisches Museum*, t. XXXII), propose de rétablir ainsi le texte de la loi : Ὅστις ἂν μὴ διαθέμενος ἀποθάνῃ, ἐὰν μὲν παῖδας καταλίπῃ θηλείας, [τοῖς ἐγγυτάτω γένους] σὺν ταύταις ἐχέτωσαν, etc... Ce fragment se rapporterait donc aux droits des collatéraux sur les filles épiclères, droits dont nous parlerons plus

III. — Nous avons dit que l'ordre des descendants passait tout entier avant celui des collatéraux. Il faut pourtant reconnaître que ce point fut quelquefois contesté devant les tribunaux athéniens. Une partie notable d'un plaidoyer d'Isée (1) est consacrée à réfuter l'argumentation d'un plaideur que nous pouvons ainsi résumer : le défunt a laissé un petit-fils né d'une fille et un neveu né d'un frère; le neveu doit être préféré au petit-fils, en vertu de la loi qui dit que les parents par les hommes l'emportent sur les parents par les femmes. Le grammairien, auteur de l'*hypothesis*, n'hésite même pas à dire que ce raisonnement pouvait être contraire à la justice, mais qu'il était certainement conforme au droit.

Isée répondit victorieusement à notre avis, et cette partie de son discours mérite d'être reproduite

loin, § 7.—Pour M. K. Seeliger, *Rheinisches Museum*, t. XXXI, p. 176 et suiv., et pour M. Grasshoff, *De successione ab intestato*, p. 8, le texte conservé dans le discours contre Macartatos n'a aucune valeur et ne doit pas être utilisé : « Hæc lex, dit M. Grasshoff, nullius est pretii neque nobis prodest nisi in iis quæ etiam aliunde nota sunt. » Ces auteurs sont convaincus que la prétendue loi est l'œuvre d'un faussaire, qui l'a composée à l'aide des premiers paragraphes du discours d'Isée sur la succession d'Hagnias. — Les raisons invoquées par M. Buermann, *Das attische Intestaterbfolgegesetz*, et *Rheinisches Museum*, t. XXXII, p. 353 et suiv., en faveur de l'authenticité de la loi, dont le texte serait seulement réduit et corrompu, nous paraissent très-graves et dignes de l'attention des philologues.

(1) *De Cironis hereditate*, §§ 30 et suiv., Didot, p. 295.

comme spécimen curieux des formes de discussion juridique admises devant les Héliastes.

« Je pense, dit-il, que déjà vous êtes tous pleinement convaincus que les parents collatéraux se rattachent au défunt par un lien moins étroit que celui qui l'unit à ses descendants. Mais, cependant, puisque mes adversaires, sans tenir compte de cette vérité élémentaire, osent me disputer la succession de mon aïeul, je vais établir mon droit de la façon la plus évidente, en m'appuyant sur les lois.

« Si ma mère, la fille de Ciron, vivait encore, et que Ciron fût mort intestat, laissant, non pas son neveu, mais son frère, ce frère aurait bien le droit d'épouser la fille ; mais il ne deviendrait pas maître de la fortune de Ciron. Cette fortune appartiendrait aux enfants à naître du mariage de la fille et du frère, et ce dernier serait tenu de la leur remettre à l'époque de leur majorité. Ainsi le veut la loi. Eh bien ! si, du vivant de la fille, le frère du défunt n'est pas propriétaire des biens de celui-ci, qui doivent être réservés aux enfants de la fille, n'est-il pas évident que, après la mort de la fille aujourd'hui représentée par nous qui sommes ses enfants, c'est à nous que la succession doit appartenir et non pas à nos adversaires ?

« Cette preuve n'est pas la seule que je puisse invoquer. J'en trouve une autre, non moins évidente, dans la loi sur les mauvais traitements. Si notre aïeul Ciron vivait encore et qu'il fût dans le besoin, ce ne serait pas mon adversaire qui tomberait sous le coup de la loi et serait tenu de fournir à Ciron des aliments ; l'obligation pèserait sur nous. La loi dit, en effet, qu'il faut nourrir ses parents. Or, les parents sont la mère et le père, l'aïeul et l'aïeule, le bisaïeul et la bisaïeule, s'ils vivent encore. Ces personnes sont la souche de la famille, leurs biens passent à leurs descendants. Mais aussi, lors même qu'ils n'auraient aucune fortune à laisser à leurs enfants, ils ont le droit d'exiger des aliments. Eh bien ! serait-il juste que nous, qui avons les mauvaises chances, qui sommes tenus, sous peine de nous exposer à l'action de mauvais traitements, de fournir des aliments à nos parents sans fortune, nous soyons privés des bonnes chances et condamnés à voir les biens de nos parents remis à nos adversaires, au lieu de nous être attribués ? A quelque point de vue qu'on se place, ce résultat serait souverainement inique (1).

« Faisons maintenant un parallèle entre la descendance et la parenté collatérale. Ce parallèle vous facilitera l'intelligence de la cause. Dites-moi qui est le plus rapproché de Ciron, de sa fille ou de son frère ? Évidemment sa fille ; car elle a pour auteur Ciron, tandis que le frère a seulement le même auteur que Ciron. Je vous adresse la même

(1) Les interprètes de notre droit civil, suivant l'exemple d'Isée, font encore remarquer l'étroite corrélation qui existe entre le droit à la succession et l'obligation alimentaire. Dans les cas douteux, ils font peser la dette d'aliments sur l'héritier présomptif. (Voir M. Demolombe, *Cours de Code civil*, t. IV, n° 35 et suiv.)

question pour les enfants de la fille et pour le frère. Évidemment encore, les enfants de la fille sont plus rapprochés que le frère ; car ils appartiennent à la descendance et non pas seulement à la parenté collatérale. Eh bien ! si nous sommes déjà préférables au frère de Ciron, ne devons-nous pas, à plus forte raison, être préférés à notre adversaire, qui n'est que le fils du frère de Ciron ?

« Je crains, en vérité, de vous avoir fatigués en insistant sur des propositions trop évidentes. Tous, vous trouvez dans la qualité de descendants des droits incontestables sur les successions de vos pères, de vos aïeuls et de vos ascendants des degrés plus éloignés. Je ne sais vraiment pas si jamais, jusqu'à ce jour, un plaideur a eu à soutenir devant vous un procès pareil à celui-ci. »

A cette argumentation, si raisonnable et si convaincante, de l'orateur, nous n'ajouterons qu'un mot. La loi citée par le Scholiaste : Κρατεῖν τοὺς ἄρρενας καὶ τοὺς ἐκ τῶν ἀρρένων, s'appliquait seulement dans les relations de parents appartenant au même ordre. Elle ne devait donc pas être invoquée dans le procès sur l'hérédité de Ciron, puisque le combat était alors engagé entre un descendant et un collatéral.

Les descendants passaient donc avant les collatéraux.

§ 2.

QUAND le défunt laissait tout à la fois des fils et des filles, les filles n'étaient pas héritières ; les fils se partageaient entre eux, à l'exclu-

— 19 —

sion de leurs sœurs, la totalité de la succession (1).
Ils étaient seulement obligés de doter leurs sœurs,
et voilà pourquoi les filles étaient alors appelées
ἐπίκληροι (2).

On a cru cependant trouver, dans un passage
d'Isée, la preuve que l'hérédité du père se divisait également entre les fils et les filles : Πατρῴων
χρημάτων τὸ ἴσον αὐτοῖς (scilicet filiis et filiabus) ὁ
νόμος μετασχεῖν ἔδωκεν (3). Toutefois, la part dévolue
aux sœurs aurait été, dit-on, provisoirement ad-
ministrée par leurs frères, et c'était cette part que
les frères, au moment du mariage de leur sœur
ἐπίκληρος, remettaient à son mari à titre de dot (4).

Mais, dans le texte que nous venons de transcrire,
l'orateur ne dit pas que les fils et les filles du
défunt viennent concurremment à sa succession. Il
dit que les filles et les fils de filles prédécédées ont
sur les biens du père des droits égaux, de même
que les sœurs et les fils de sœurs prédécédées re-
cueillent concurremment la succession du frère. Ce
texte se rapporte donc à la représentation et non
pas à la vocation de successibles du même degré.

Ce qui prouve bien d'ailleurs que les filles n'hé-
ritaient pas, et que leurs frères, en les dotant,
ne se bornaient pas à remettre aux maris de leurs
sœurs des parts de la succession, c'est que les frères

(1) Voir Aristophane, *Aves*, v. 1650 et suiv.
(2) Grasshoff, *De successione ab intestato*, p. 22.
(3) Isée, *De Apollodori hereditate*, § 20, Didot, p. 286.
(4) Voir Schneider, *De jure hereditario Atheniensium*, p. 16,
et Schelling, *De Solonis legibus*, p. 121.

avaient une certaine latitude dans la détermination
du chiffre de la dot. Ils donnaient tantôt plus,
tantôt moins, suivant leur générosité personnelle
et leur affection pour leurs sœurs (1). On ne trouve
pas, en effet, dans le droit d'Athènes, de disposition
analogue à la loi crétoise, d'après laquelle la dot
de la fille, lorsqu'il y avait des fils, était nécessairement égale à la moitié de la part de chacun des
fils (2). Isée nous dit seulement qu'un fils adoptif,
lorsqu'il se respecte, n'oserait pas offrir à la fille
de l'adoptant une dot moindre que la dixième partie
des biens laissés par son père (3).

Les fils ne se bornaient pas à doter seulement les
filles légitimes de leur père, ils dotaient même les
filles nées hors mariage. Le fils adoptif de Pyrrhus,
Endius, maria une fille naturelle que Pyrrhus avait
eue (4), et lui constitua en dot une somme de mille
drachmes (5), environ le dix-huitième des biens

(1) Lysias, *Pro Mantitheo*, § 10, Didot, p. 172 ; Démosthène,
C. Aphobum, I, §§ 65 et suiv., Reiske, p. 834.

(2) Strabon, X, 4, § 20. — Le Musée du Louvre possède
un fragment d'une ancienne loi crétoise sur les successions
(Frœhner, *Catalogue des inscriptions grecques*, 1865, n° 93,
p. 180); mais ce fragment mutilé ne peut guère être utilisé.

(3) Isée, *De Pyrrhi hereditate*, § 51, Didot, p. 256.

(4) Nous disons « fille *naturelle* », bien que M. Buermann,
Drei Studien auf dem Gebiet des attischen Rechts, 1878, p. 638
et suiv., ait récemment essayé de démontrer que Philè était,
non pas une νόθη, mais bien une fille *légitime* de Pyrrhus.
L'argumentation de M. Buermann ne nous paraît pas décisive.

(5) Isée, *De Pyrrhi hereditate*, § 49, Didot, p. 256. — On
lit dans le texte que la dot fut de trois mille drachmes

qu'il avait recueillis dans la succession de son père adoptif.

§ 3.

Sous le nom de fils, nous comprenons non-seulement les fils légitimes nés du sang du défunt, mais aussi les fils simplement adoptifs. Il est vrai que l'adoption n'était permise qu'à celui qui n'avait pas d'enfants légitimes. Mais on comprend facilement que, postérieurement à une adoption entre-vifs régulièrement accomplie, l'adoptant pouvait avoir des enfants. La survenance de ces enfants ne révoquait pas l'adoption. Les enfants adoptifs et les légitimes venaient en concours à la succession, et se partageaient également les biens du père commun. Isée nous a conservé les termes mêmes de la loi qui réglait ce concours : Διαρρήδην ἐν τῷ νόμῳ γέγραπται, ἐὰν καταλειφθῶσι παῖδες ἐπιγένωνται, τὸ μέρος ἑκάτερον ἔχειν τῆς οὐσίας καὶ κληρονομεῖν ὁμοίως ἀμφοτέρους (1).

Mais, d'un autre côté, le droit de succéder comme fils n'appartenait ni aux enfants légitimes sortis de leur famille naturelle pour entrer par adoption dans

(τρισχιλίας ἐραχμάς); mais il doit y avoir une erreur de copie, car l'orateur dit plus loin que cette dot n'équivalait pas même à la dixième partie de la succession de Pyrrhus (§ 51), qui était de trois talents (§ 49), et trois mille drachmes égalent le sixième de trois talents.

(1) Isée, *De Philoctemonis hereditate*, § 63, Didot, p. 282.

— 22 —

une autre famille, ni aux enfants exhérédés, ni
aux enfants nés hors mariage.

I. — Nous écartons d'abord les enfants donnés
en adoption.

Hermann a soutenu pourtant que, malgré
l'adoption, l'adopté pouvait encore succéder dans
sa famille naturelle (1), et, pour justifier cette
proposition, il a argumenté de deux textes de
Démosthène. Dans l'un, l'orateur se plaint de ce
que son adversaire possède depuis longtemps, sans
payer d'impôts, deux patrimoines différents : celui
de son père naturel Callippe et celui de son père
adoptif Philostrate (2). Dans l'autre, Macartatus,
qui jouit de la fortune de son père adoptif, Macartatus de Prospaltius, réclame en outre, en qualité
de parent le plus proche dans la famille naturelle,
ὡς γένει κρατήμων, la succession d'Hagnias (3).

On pourrait répondre d'abord que, dans le premier de ces textes, il est question seulement d'une
jouissance de fait : ἀλλ' οὐσίας κεκαρτημένος διατελεῖς, et
non pas d'une possession juridique des deux patrimoines (4); que, dans le second, l'orateur se borne
à mentionner la prétention d'un plaideur, et toutes

(1) Hermann, *Privatalterthümer*, 2e édition, § 65, note 21.
(2) Démosthène, *C. Phænippum*, § 21, Reiske, p. 1045.
(3) Démosthène, *C. Macartatum*, §§ 76-77, Reiske, p.
1076-1077.
(4) Stark sur Hermann, *Privatalterthümer*, 2e édition, § 65,
note 21.

les prétentions ne sont pas nécessairement con-
formes à la justice (1).

Mais nous avons des textes formels qui réfutent
d'une façon péremptoire la thèse d'Hermann.
« Jamais, dit Isée, un adopté n'a succédé dans la
famille d'où il était sorti par l'adoption : Οὐδεὶς γὰρ
πώποτε ἐκποιηθεὶς γενόμενος ἐπληρονόμησε τοῦ οἴκου ὅθεν
ἐξεποιήθη (2)... Aux yeux de la loi, les adoptés ne
se rattachent plus à leur famille naturelle; ils appartiennent à une autre famille (3)... » — Aussi
Cyronide, fils d'Aristarque, ne succédera pas à
son père; sa sœur recueillera la totalité des biens,
et cependant les filles athéniennes ne sont pas
héritières lorsqu'il y a des fils. Mais Cyronide a
été donné en adoption, et l'adoption a rompu tous
les liens de parenté dans la famille naturelle (4). —

(1) M. Stark donne une autre explication qui nous paraît
inadmissible : « In der Stelle adv. Macart. ist nur von der
Behauptung des γένει κρατεῖν mit der Familie des Vaters,
wo eine Adoption in die der Mutter stattgefunden hat. »

(2) Isée, *De Astyphili hereditate*, § 33, Didot, p. 3o3.

(3) Isée, *eod. loc.*, § 2, Didot, p. 298. On sait qu'il en était
de même à Rome; le droit ancien posait en principe que :
« Adoptione jura potestatis patris naturalis dissolvuntur. »
Accarias, *Précis de droit romain*, I, p. 209.

(4) Isée, *De Aristarchi hereditate*, § 4, Didot, p. 3o5. —
L'incompatibilité entre la qualité de fils légitime venant à la
succession dans une famille et celle de fils adoptif succédant
dans une autre famille, est encore attestée par Démosthène,
C. Leocharem, § 28, Reiske, p. 1089. Il faut opter, dit
l'orateur; on ne peut invoquer à la fois des droits, ici comme
enfant légitime, là comme enfant adoptif. Prétendre simul-
tanément aux deux successions, c'est faire acte d'im-

Pour que l'adopté succédât à son père naturel, il fallait qu'il eût renoncé à l'adoption et qu'il fût sorti de la famille civile pour rentrer dans sa vraie famille. Mais la validité de cet abandon était subordonnée à la condition que l'adopté laisserait dans la famille adoptive un de ses enfants, chargé d'y occuper la place de l'adopté, et de perpétuer le culte domestique de l'adoptant (1).

II. — On ne comptait pas non plus les enfants exhérédés, ou, pour employer une expression plus correcte, les enfants que leur père avait abdiqués (2), et ἀποκηρυττόμενα. Le droit pour le père d'abdiquer la puissance paternelle nous est révélé par le *Traité des Lois* de Platon (3), par un opuscule de Lucien (4), enfin par quelques textes obscurs et incomplets des grammairiens et des lexicographes (5). Ce qui paraît résulter du rap-

pudence (ἀναίδεια), c'est montrer une blâmable convoitise (πλεονεξία).

(1) Pour le développement de ce point, voir notre *Étude sur le droit de tester à Athènes* dans l'*Annuaire de l'Association pour l'encouragement des Études grecques*, 1870, p. 28-30.

(2) La loi 6, Code, *De patria potestate*, 8, 47, traduit ἀποκήρυξις par *abdicatio*.

(3) Platon, *De legibus*, XI, Didot, II, p. 472.

(4) Op. XXIX : *Abdicatus*.

(5) Pollux, IV, 93, et les autorités que nous avons citées dans l'*Annuaire de l'Association pour l'encouragement des Études grecques*, 1870, p. 30 et suiv. Ajouter Gide, *Dictionnaire des Antiquités grecques et romaines*, I, p. 310.

prochement de ces témoignages, c'est que l'abdi-
cation ne pouvait pas avoir lieu sans motif, qu'elle
devait être précédée d'une délibération d'un conseil
de famille et homologuée par les tribunaux ; qu'elle
s'accomplissait avec une certaine solennité, et
qu'elle était proclamée par un héraut devant le
public assemblé (ἀποκήρυξις). L'abdicati   n'était
pas d'ailleurs irrévocable, et le père pouvait con-
sentir à replacer l'enfant dans la famille. On peut
à peine en citer un exemple, celui de Thémistocle,
et ce fait est lui-même très-contestable.

III. — Quant à l'enfant naturel, il était en dehors
de l'ἀγχιστεία. La loi de succession, rapportée par
Démosthène, est formelle sur ce point : Νόθῳ δὲ
μηδὲ νόθῃ μὴ εἶναι ἀγχιστείαν μήθ' ἱερῶν μήθ' ὁσίων (1).
L'authenticité de ce texte est pleinement démontrée
par une des comédies d'Aristophane. Neptune a dit
à Hercule : « Si Jupiter, ton père, vient à mourir,
c'est à toi qu'appartiendront toutes les richesses
qu'il laissera à son décès. » — « Pauvre diable,
s'écrie Pisthétérus, comme Neptune cherche à te
tromper ! Viens ici avec moi que je te dise un mot.
Ton oncle se moque de toi, malheureux. Des biens
de ton père, les lois ne t'accordent pas même une
obole ; car tu es bâtard et non pas légitime... Neptune lui-même, qui t'excite maintenant, serait le
premier à te disputer la fortune de ton père, en se

(1) *C. Macartatum*, § 51, Reiske, p. 1067 ; cf. Isée, *De
Philoctemonis hereditate*, § 47, Didot, p. 280.

prévalant de sa qualité de frère légitime. Je vais te
faire connaître la loi de Solon : Un bâtard ne peut
pas hériter quand il y a des enfants légitimes, et,
lors même qu'il n'y aurait pas d'enfants légitimes,
les biens sont recueillis par les parents collatéraux
les plus proches (1). »

Ainsi l'enfant naturel n'avait rien à espérer de
la succession *ab intestat* (2). Il était exclu, non-
seulement par ses frères, mais encore par des parents éloignés. C'est à peine si on tolérait que le
père lui fît un legs (νοθεία) (3), dont le maximum
avait été fixé à cinq cents drachmes suivant quelques grammairiens (4), à mille drachmes suivant
d'autres (5).

(1) Aristophane, *Aves*, v. 1642 et suiv.

(2) Aristophane, *Aves*, v. 1665 et suiv.— On trouve d'autres
mentions de la même loi dans Démosthène, *C. Eubulidem*,
§ 53, Reiske, p. 1315 : « Vous devez, dit l'orateur, ajouter
foi aux témoignages des membres de ma famille lorsqu'ils
attestent ma légitimité; car, si j'eusse été νόθος, ils m'auraient exclu de la succession de mes parents et auraient
recueilli à mon détriment les biens que je possède aujour-
d'hui »; — et *Pro Phormione*, § 32, Reiske, p. 954 : « Si
l'union de Phormion et d'Archippé n'eût pas été légitime, les
enfants qui en sont issus n'auraient pas eu la qualité d'héritiers, et, n'étant pas héritiers, ils n'auraient eu aucun droit
sur les biens. » — On lit aussi dans Suidas, s. v. ἐπίκληρος,
éd. Bernhardy, p. 413 et s., que, si un Athénien meurt laissant
une fille légitime et un enfant naturel, ce dernier est exclu
par la fille : Μὴ κληρονομεῖν τὸν νόθον τὰ πατρῷα.

(3) Aristophane, *Aves*, v. 1654.

(4) Suidas, s. v. ἐπίκληρος, éd. Bernhardy, p. 414.

(5) Harpocration, s. v. νοθεία.

IV. — C'est toutefois une question vivement controversée entre les érudits que celle de savoir si le droit attique n'autorisait pas, au profit de l'enfant naturel, une sorte de légitimation, dont l'effet principal eût été de lui donner l'ἀγχιστεία et de lui permettre de succéder comme les enfants légitimes.

L'affirmative est soutenue par d'éminents auteurs, Gans (1), Meier (2), MM. Schœmann (3) et Van den Es (4). D'après ces savants, la légitimation résultait de la présentation de l'enfant par le père naturel à sa phratrie et du vote d'admission rendu par les intéressés, parents et autres φράτορες. — On ajoute, il est vrai, que des restrictions pouvaient être apportées, en pareil cas, aux effets ordinaires de l'ἀγχιστεία ; le père aurait pu dire, par exemple, que l'enfant légitimé n'exercerait pas tous les droits attachés à la qualité d'enfant légitime et qu'il devrait se contenter d'une part déterminée à l'avance et invariable de la fortune paternelle. — Cette opinion s'appuie uniquement sur quelques passages du discours d'Isée relatif à l'hérédité de Philoctémon : Euctémon introduit dans sa phratrie un enfant né de sa concubine Alké, sous la con-

<hr>

(1) *Das Erbrecht in weltgeschichtlicher Entwickelung*, t. I, 1824, p. 318 et suiv.

(2) *Attische Process*, 1824, p. xix-xx.

(3) *Ad Isæum*, p. 336, et *Griechische Alterthümer*, 3· éd., 1871, p. 379.

(4) *De jure familiarum apud Athenienses*, 1864, p. 77 et suiv.

dition que l'enfant prendra seulement dans l'hérédité un fonds de terre (1).

Platner, il y a longtemps déjà, se refusait à
admettre la possibilité d'une telle légitimation (2).
La loi, disait-il, excluait de la phratrie l'enfant
né hors mariage. Comment un accord intervenu
entre simples particuliers aurait-il pu rendre inutile la disposition de cette loi ? — Plus récemment,
M. Philippi s'est attaché à démontrer que, dans
le discours d'Isée sur la succession de Philoctémon,
rien n'indique à quel titre le fils d'Alké fut
présenté à la phratrie. Pour en tirer un argument,
il faudrait établir que l'enfant fut déclaré νόθος,
et l'on peut, avec autant de vraisemblance, soutenir qu'Euctémon fit passer cet enfant pour légitime, *genuinus*, γνήσιος (3). — Enfin, M. Buermann
enseigne nettement que toute espèce de légitimation était impossible (4). La loi fondamentale des
phratries était que « celui qui présente à la phratrie
un enfant né de son sang ou adoptif doit affirmer
solennellement que cet enfant est né d'une femme
citoyenne et que sa naissance a été régulière » :
Ἐάν τέ τινα φύσει γεγονότα εἰσάγῃ τις ἐάν τε ποιητόν,
ἐπομνύναι κατὰ τῶν ἱερῶν ἦ μὴν ἐξ ἀστῆς εἰσάγειν

(1) Voir notamment §§ 21-24, Didot, p. 276 et suiv.
(2) *Beiträge zur Kenntniss de. attischen Rechts*, 1820,
p. 118 et suiv.
(3) *Beiträge zu einer Geschichte des attischen Bürgerrechtes*, 1870, p. 89-93.
(4) *Drei Studien auf dem Gebiet des attischen Rechts*,
1878, p. 620 et suiv.

καὶ γεγονότα ὀρθῶς καὶ τὸν ὑπάρχοντα φῆναι καὶ τὸν
τεκόντα (1). Pareille affirmation, quand l'enfant
présenté était un νόθος, eût constitué un parjure.
L'enfant dont la naissance était irrégulière était
donc pour toujours exclu de la phratrie (2).

Hermann n'était pas favorable à l'idée d'une
légitimation véritable ; mais il admettait que,
lorsque le citoyen n'avait pas d'enfants légitimes,
ses enfants nés du concubinat pouvaient être *en
quelque sorte légitimés par une espèce d'adoption*,
qui leur conférait tous les droits d'enfant (3).....

Que décider au milieu de ce conflit d'opinions ?
Le discours d'Isée sur la succession de Philoctémon nous paraît laisser indécise la question de
savoir en quelle qualité le fils d'Alké fut présenté
à la phratrie. Comme nous n'avons pas d'autre
document que nous puissions utiliser, nous devons
être très-réservé, et nous nous bornerons à conclure avec M. Philippi : « Nous ne rencontrons
dans le droit attique aucune trace certaine d'une

(1) Isée, *De Apollodori hereditate*, § 16, Didot, p. 285.

(2) Il est vrai que M. Buermann reconnaît la qualité d'enfants légitimes (ὀρθῶς γεγονότες) à beaucoup d'enfants nés du
concubinat. Si cette thèse était fondée, notre question per-
drait beaucoup de son intérêt. Ce n'est pas ici le lieu d'exposer
dans quelle mesure le législateur athénien a autorisé et en-
couragé les unions différant du mariage proprement dit ;
mais la théorie de M. Buermann nous paraît manifestement
exagérée.

(3) *Lehrbuch der griechischen Antiquitæten*, t. Ier, 5e édit.,
§ 118, p. 450 et note 21.

institution analogue à la *legitimatio* des Romains (1). »

§ 4.

On a dit maintes fois que le droit d'aînesse était reconnu par la loi athénienne (2), et, pour en fournir la preuve, on a fait remarquer que le fils aîné, indépendamment d'un préciput (πρεσβεῖον) (3), jouissait du privilége de choisir parmi les lots héréditaires celui qu'il préférait : λαχεῖν αἵρεσιν (4).

Mais d'abord le préciput n'existait pas de plein droit (5). Le fils ne pouvait le réclamer que lorsqu'il lui avait été concédé par le testament de son père : πρεσβεῖα ἔλαβε κατὰ τὴν διαθήκην. Nous croyons même très-fermement que le père, au lieu d'avan-

(1) *Beiträge...*, p. 93.

(2) Aucune différence ne doit être faite entre les enfants qui sont nés du même auteur sans être du même lit. Archippé, mariée en premières noces à Pasion, en secondes noces à Phormion, laissa quatre enfants, deux de chaque mariage. Tous succédèrent également et chacun d'eux reçut un quart (Démosthène, *Pro Phormione*, § 32, Reiske, p. 954).

(3) Démosthène, *Pro Phormione*, §§ 34-35, Reiske, p. 955.

(4) Démosthène, *eod. loc.*, § 11, Reiske, p. 947. Voir Wachsmuth, *Hellenische Alterthumskunde*, § 103, note 67; Hermann, *Privatalterthümer*, 2ᵉ édition, § 64, 4; Mayer, *Das Recht der Athener*, § 252, note 13.

(5) Voir cependant M. Fustel de Coulanges, *La Cité antique*, p. 99, qui attribue à l'aîné, en dehors du partage, la maison paternelle.

tager l'aîné, aurait pu légitimement exercer sa générosité à l'égard des puînés (1).

Quant au privilége de choisir entre les lots héréditaires, en le supposant démontré, serait-il assez considérable pour mériter le nom de droit d'aînesse, dans le sens que nous attachons ordinairement à ce mot ? La loi voulait, en effet, que les parts de tous les enfants fussent égales : Τοῦ νόμου κελεύοντος ἅπαντας τοὺς γνησίους ἐπιμοίρους εἶναι τῶν πατρῴων (2). Mais l'existence même de ce prétendu droit n'est pas suffisamment établie, et l'exemple d'Apollodore, faisant un choix (λαβὼν αἵρεσιν), ne nous paraît pas convaincant. Nous croyons que les frères procédaient le plus souvent comme les contemporains d'Homère ; ils partageaient l'héritage et tiraient les lots au sort : Τοὶ δὲ ζωὴν ἐδάσαντο παῖδες ὑπέρθυμοι καὶ ἐπὶ κλήρους ἐβάλοντο (3). Le fait même que le mot κλῆρος signifiait tout à la fois *sort* et *succession* ne prouve-t-il pas que ces deux idées étaient habituellement réunies ?

Il est possible que le droit public de la Grèce monarchique reconnût à l'aîné certaines prérogatives. En Laconie, Hippocoon disputait le trône à

(1) Voir notre Étude sur le droit de tester à Athènes, dans *l'Annuaire de l'Association pour l'encouragement des Études grecques*, 1870, p. 34. Meier, *Opuscula academica*, t. I, 1861, p. 237, dit avec raison : « Senioratus atticis legibus repugnat. » Cf. Philippi, *Geschichte des attischen Burgerrechtes*, 1870, p. 192 et suiv.

(2) Isée, *De Philoctemonis hereditate*, § 25, Didot, p. 277.

(3) Homère, *Odyssée*, XIV, v. 208-209.

Tyndare par ce motif qu'il était le plus âgé : κατὰ
πρεσβείαν ἔχειν ἀξίον τὴν ἀρχήν (1). A Athènes, Médon,
fils aîné de Codrus, succéda à son père, malgré ses
infirmités et les contestations de son frère (2). Mais,
dans le droit civil, pour le partage d'une succession,
les frères étaient placés sur un pied d'égalité.

Quel profit l'aîné retirait-il donc de sa primogéniture ? Homère dit que les Furies sont toujours
au service des premiers nés : Πρεσβυτέρῃσιν Ἐρινύες
αἰὲν ἕπονται (3). Ainsi restreint, le privilége de l'aînesse ne mérite guère d'être pris en considération
par les juristes.

§ 5.

Quand l'un des fils du défunt était mort avant
son père en laissant une postérité, ses enfants venaient à la succession de leur aïeul par
représentation de leur père. Ils partageaient par
souches avec les fils survivants, de telle façon que
chacune des branches de la descendance, quel qu'y
fût le nombre des successibles, recevait une part
égale à celle des autres branches : Πατρῴων χρημάτων
τὸ ἴσον αὐτοῖς (filiis et filiorum filiis) ὁ νόμος μεταχεῖν
δίδωσι (4).

(1) Pausanias, III, 1, § 4.
(2) Pausanias, VII, 2, § 1.
(3) Homère, *Iliade*, XV, v. 204.
(4) Isée, *De Apollodori hereditate*, § 20, Didot, p. 286.
Ce texte ne se rapporte pas directement à notre hypothèse;
mais il peut y être appliqué par analogie.

Cette représentation dans la ligne directe descendante était admise à l'infini. Non-seulement les
petits-enfants, fils ou filles, pouvaient partager
avec leurs oncles la succession de leur aïeul, mais
encore les arrière-petits-enfants, fils ou filles,
étaient aussi admis à représenter leur père et leur
aïeul pour recueillir les biens de leur bisaïeul
concurremment avec leurs grands-oncles. La thèse
contraire, d'après laquelle les descendants des deux
premiers degrés auraient exclu les descendants des
degrés plus éloignés, a été soutenue par de Boor;
mais elle nous paraît injuste et contraire aux principes (1). La représentation a pour but de réparer
le tort que la mort prématurée de l'un des enfants
causerait à sa branche; si on ne permet pas aux
arrière-petits-enfants de venir occuper la place de
leur père et de leur aïeul, le remède apporté au
mal est tout à fait insuffisant. En ligne collatérale,
comme nous le verrons plus tard, la représentation
était accordée à tous les descendants de frères :
παῖδες ἐξ ἀδελφῶν καὶ οἱ ἐξ αὐτῶν (2); il devait en être
de même pour les descendants de fils (3).

Notons toutefois que, dans chaque branche, 1° à
égalité de degré, les fils étaient préférés aux filles;
2° les descendants par les fils étaient préférés aux

(1) M. Grasshoff, *De successione ab intestato*, p. 19, dit
très-justement : « Ponendum esse puto in nulla linea jus
repræsentationis intra certorum graduum terminos conclu-
sum esse. »
(2) Démosthène, *C. Macartatum*, § 51, Reiske, p. 1067.
(3) Schneider, *De jure hereditario Athenlensium*, p. 16.

descendants par les filles, lors même que ces derniers étaient les plus rapprochés du défunt. La loi
disait, en effet : Κρατεῖν δὲ τοὺς ἄρρενας καὶ τοὺς ἐκ
τῶν ἀρρένων, οἳ ἂν ἐκ τῶν αὐτῶν ὦσι, κἂν γένει ἀπωτέρω
τυγχάνωσιν ὄντες (1).

§ 6.

Les enfants, après la mort de leur père, au lieu de
partager entre eux sa fortune, restaient quelquefois dans l'indivision. Démosthène, énumérant les
biens que la loi dispensait de contribuer aux charges
de la triérarchie, cite les κοινωνικά, et le grammairien Harpocration exprime l'opinion, très-vraisem-
blable malgré la forme dubitative sous laquelle elle
est présentée (2), que l'orateur a eu en vue les
biens indivis possédés par des frères : Κοινωνικὸς
ἂν λέγει τύχα μὲν τοὺς ἀνέμητον οὐσίαν ἔχοντας ἀδελφούς,
ὧν ὁ μὲν πατὴρ ἐβουλήθη λειτουργεῖν, οἱ δὲ κληρονόμοι
τῶν ἐκείνου καθ' ἕνα τριηραρχεῖν οὐκ ἐξήρκουν (3). Un

(1) Isée, *De Apollodori hereditate*, § 20, Didot, p. 286.
M. Maurocordato, *Thèse pour le doctorat en droit*, Paris,
1847, p. 25, croit que « la règle qui donne la préférence aux
mâles sur les femmes n'est applicable qu'à partir du degré
de cousin et au-delà. » Mais la loi citée dans le discours de
Démosthène contre Macartatus, § 51, Reiske, p. 1067, accorde
d'une façon générale à la parenté mâle cette double faveur
que nous venons d'exposer dans le texte et qui est très-
conforme à l'esprit général de la législation d'Athènes.

(2) Bœckh, *Staatshaushaltung der Athener*, 2ᵉ édit., t. Iᵉʳ,
p. 705.

(3) Édition Bekker, p. 113.

homme, dont la fortune était assez considérable pour qu'il fût soumis aux liturgies, mourait laissant plusieurs enfants qui ne procédaient pas au partage. Comme, en apparence au moins, l'unité du patrimoine n'avait pas été modifiée par la mort du propriétaire, on aurait pu soutenir que les charges publiques continuaient de peser sur ses représentants comme elles avaient pesé sur lui. Mais le législateur, obéissant à une inspiration d'équité, avait voulu qu'on distinguât dans la fortune totale la part idéale à laquelle chacun des enfants avait droit. Si cette part, jointe aux autres biens de l'enfant, était assez forte pour le soumettre aux contributions publiques, l'enfant était porté sur le tableau des imposés ; sinon, il était dispensé. Au point de vue des liturgies, on ne tenait donc pas compte de l'indivision et on procédait comme si le partage eût été effectué.

Évidemment le législateur n'aurait pas statué pour une hypothèse tout à fait exceptionnelle, et nous sommes autorisé à conclure de la disposition rapportée par Harpocration que l'indivision était fréquente à Athènes. Nous en trouvons d'ailleurs plusieurs exemples dans les discours judiciaires. Le grand-père de Timarque avait trois fils : Eupolème, Arizèle et Arignote. Eupolème mourut à une époque où la fortune était encore indivise : ἀνεμήτου τῆς οὐσίας οὔσης. L'indivision continua après sa mort ; Arignote, malade et aveugle, aurait difficilement administré sa part. Arizèle gérait la totalité de la fortune paternelle et remettait périodique-

ment à son frère, pour son entretien, une somme
déterminée par la convention (1). Le même fait se
produisit pour la succession d'Euthymaque. Un
des fils, Archiade, habitait Salamine. Les enfants
convinrent de laisser indivis les biens héréditaires.
Midylide, qui résidait dans l'Attique, administrait
la totalité de la fortune, et transmettait à son frère
une part des revenus (2). Aussi voyons-nous, dans
Démosthène, un créancier qui, avant de pratiquer
une saisie sur les biens de son débiteur, s'in-
forme avec soin si la succession du père a été
partagée entre les enfants ou laissée indivise :
Πότερα μεμερισμένος εἴη πρὸς τὸν ἀδελφὸν ἢ κοινὴ ἡ οὐσία
εἴη αὐτοῖς (3).

§ 7.

Lorsque le défunt ne laissait pour successible
dans la ligne directe descendante qu'une fille,
cette fille était bien l'héritière de son père; on lui
donnait même le nom d'ἐπίκληρος ; mais les plus
proches parents avaient alors un droit singulier,
le droit d'ἐπιδικασία, que nous allons essayer de
décrire.

____

(1) Eschine, *C. Timarchum*, § 102, Didot, p. 47.

(2) Démosthène, *C. Leocharem*, §§ 10 et 18, Reiske, p. 1083
et 1086.

(3) Démosthène, *C. Evergum et Mnesibulum*, § 34, Reiske,
p. 1149. Ce texte autorise à penser qu'il y avait dans les lois
athéniennes une disposition analogue à l'article 2205 de
notre code civil.

I. — Le parent le plus rapproché de l'épiclère pouvait demander en justice que la fille héritière lui fût adjugée en mariage, ce qui lui faisait obtenir l'administration et la jouissance des biens recueillis par la femme dans la succession de son père.

Lorsque nous disons que le plus proche parent de l'épiclère pouvait employer l'ἐπιδικασία, nous laissons de côté, bien entendu, l'hypothèse où ce parent était une femme ou un ascendant (1). Pour que le mariage soit possible, il faut qu'il y ait différence de sexes; les femmes ne pouvaient donc pas demander l'héritière. D'un autre côté, le mariage étant prohibé à l'infini dans la ligne directe descendante ou ascendante, les ascendants ne pouvaient pas davantage recourir à l'ἐπιδικασία (2).

Restaient les collatéraux mâles. Mais il faut encore écarter les frères de l'épiclère, utérins ou consanguins, peu importe; les frères utérins, parce qu'ils ne pouvaient pas épouser leur sœur utérine; les frères consanguins, par d'autres motifs, puisque la loi athénienne validait le mariage entre frères et sœurs qui avaient seulement le même père (3). Le frère consanguin était-il encore dans sa famille naturelle? Il excluait sa sœur de la succession; elle n'était pas héritière, et il n'y avait pas d'ἐπιδικασία possible. Était-il sorti de sa famille naturelle par

(1) Bunsen, *De jure hereditario Atheniensium*, p. 43; Van den Es, *De jure familiarum apud Athenienses*, p. 19.

(2) Voir aussi Schelling, *De Solonis legibus*, p. 108.

(3) Démosthène, *C. Eubulidem*, § 20, Reiske, p. 1305, Plutarque, *Themistocles*, 32.

una adoption ? Tous les liens de parenté civile étaient alors rompus; aux yeux du législateur, ce frère n'était plus le parent de sa sœur, et par conséquent il n'avait pas le droit d'ἐπιδικάσασθαι.

Quels étaient donc les parents les plus proches qui pouvaient recourir à l'ἐπιδικασία (1)?

Nous devrions trouver au premier rang le neveu de l'épiclère, collatéral au troisième degré. Nous supposons, bien entendu, que ce neveu était le fils d'une sœur; car les neveux fils de frères avaient les mêmes droits que leurs pères, et pouvaient exclure de la succession de l'aïeul leurs tantes, les sœurs de leurs pères. Il en était autrement des ἀδελφιδοῖ fils de sœurs; ceux-ci venaient à la succession en concours avec l'épiclère, et on est en droit de se demander s'ils pouvaient exiger que leur tante l'épiclère leur fût adjugée. Nous n'avons trouvé aucun renseignement dans les textes. Peut-être, à cause de la disproportion d'âge existant habituellement entre le neveu et la tante, l'hypothèse d'un neveu voulant épouser sa tante était-elle très-rare. Le neveu d'ailleurs, petit-fils du défunt, pouvait, mieux encore qu'un autre descendant à naître de son mariage, continuer la personne de son aïeul et perpétuer le culte domestique. Voilà, sans doute,

(1) Le discours de Démosthène, *C. Stephanum*, II, § 18, Reiske, 1134, contient un texte de loi relatif à ce sujet; mais, outre qu'il est très-obscur, son authenticité paraît plus que douteuse, et le plus sage est de négliger un pareil document. On trouvera dans Schelling, *De Solonis legibus*, p. 97 et suiv., les différentes interprétations qui ont été données de cette loi.

pourquoi ni le législateur, ni les interprètes, ne
font jamais mention de ce parent lorsqu'ils s'oc-
cupent de l'ἐπιδικασία.

Le droit du frère du défunt, c'est-à-dire de l'oncle
de l'épiclère, est incontestable; des textes formels
le consacrent (1).

Nous en dirons autant des neveux du défunt,
cousins germains de l'épiclère (2). Il est vrai qu'il
semble résulter d'un passage d'Isée que l'ἐπιδικασία,
permise au frère du père de la jeune fille, était
interdite à l'ἀδελφιδοῦς, c'est-à-dire au fils de ce
frère (3); mais il est probable qu'il n'y. a là
qu'une solution d'espèce, et que, si le fils du
frère, l'ἀδελφιδοῦς, était alors écarté, c'est qu'il y
avait avant lui d'autres parents d'un degré plus
rapproché (4).

Après les cousins germains de l'épiclère venaient
les oncles du défunt, grands-oncles de la jeune
fille, collatéraux au quatrième degré (5), et ainsi
de suite en observant l'ordre des successeurs aux
biens.

Le parent du degré le plus rapproché n'était pas
obligé d'user de la faculté que la loi lui accordait;
il lui était permis de renoncer à l'ἐπιδικασία, et cette

(1) Isée, *De Aristarchi hereditate*, § 5, Didot, p. 306.
(2) Isée, *De Pyrrhi hereditate*, §§ 72 et suiv., Didot, p. 259;
De Aristarchi hereditate, § 5, Didot, p. 306.
(3) Isée, *De Cironis hereditate*, § 31, Didot, p. 295.
(4) Cf. Van den Es, *De jure familiarum apud Athenienses*,
p. 19.
(5) Isée, *De Pyrrhi hereditate*, § 74, Didot, p. 259.

renonciation ouvrait le droit des parents plus éloignés (1).

Lorsque plusieurs parents se trouvaient au même degré et invoquaient des droits égaux, donnait-on la préférence au plus âgé (2)? Le sort était-il chargé de dire quel serait le mari de l'épiclère (3)? Nous serions tenté de croire qu'il n'y avait pas de règles précises, et que les juges attribuaient alors la jeune fille à celui des prétendants dont les prières avaient été les plus touchantes.

II. — L'ἐπιδικασία, lorsque les parties étaient athéniennes, appartenait à la compétence de l'archonte éponyme, chargé spécialement par la loi de la protection des épiclères (4). S'il s'agissait de métèques, le magistrat compétent était l'archonte polémarque (5).

Les formes de procédure ressemblaient beaucoup à celles que le législateur avait établies pour les demandes d'envoi en possession d'une hérédité. Le plus proche parent déposait une requête (λῆξις) entre les mains de l'archonte. Ce magistrat l'inscrivait, dans son auditoire, sur le tableau (σανίς, λεύκωμα) destiné à recevoir la mention des actions dont il était saisi; il la faisait lire à haute voix par

(1) Isée, *De Pyrrhi hereditate*, § 74, Didot, p. 259; *De Aristarchi hereditate*, § 5, Didot, p. 306.
(2) Bunsen, *De jure hereditario Atheniensium*, p. 45.
(3) Platner, *Process und Klagen bei den Attikern*, II, p. 255.
(4) Démosthène, *C. Lacritum*, § 48, Reiske, p. 940.
(5) Démosthène, *C. Stephanum*, II, § 22, Reiske, p. 1135.

un héraut dans l'assemblée ordinaire du peuple
(κυρία ἐκκλησία); puis, lorsqu'un certain délai s'était
écoulé, délai fixé par la loi ou laissé à la discrétion
du magistrat, un héraut invitait tous ceux qui
voulaient contester la demande à faire valoir leurs
droits : Εἴ τις ἀμφισβητεῖν ἢ παρακαταβάλλειν βούλεται
τῆς ἐπικλήρου τοῦ δεῖνος. Quand personne ne répondait
à cette invitation (1), le magistrat adjugeait l'épiclère au réclamant.

Si, au contraire, des oppositions étaient formées,
basées sur ce que le demandeur n'était pas le parent
le plus proche et qu'un autre parent devait lui être
préféré, l'épiclère devenait en quelque sorte une
chose litigieuse (ἐπίδικος); un procès s'engageait
(διαδικασία τῆς ἐπικλήρου), et l'archonte, après l'avoir
instruit, le soumettait à la décision des tribunaux
ordinaires.

C'étaient les Héliastes qui jugeaient quel devait
être l'époux de l'épiclère. Ils ne s'inquiétaient pas
toujours, le vieux Philocléon en fait l'aveu, de
savoir quel était celui des prétendants que favorisait
le droit rigoureux; ils accordaient la jeune fille au
plus éloquent des plaideurs (2).

Le parent qui avait réussi, soit devant l'archonte,
soit devant le tribunal, n'était pas encore assuré
de garder la femme qu'il avait été autorisé à épou-

____

(1) Meier, *Attische Process*, p. 470, dit qu'on appelait alors
l'épiclère ἀνεπίδικος, « nicht streitige. » Voir cependant Démosthène, *C. Stephanum*, II, § 22, Reiske, p. 1135, qui donne
un autre sens au mot ἀνεπίδικος.

(2) Aristophane, *Vespæ*, v. 586.

ser. Malgré la chose jugée, un parent plus rapproché
était admis à la lui disputer. Il est vrai que, pour
prévenir autant que possible les contestations mal
fondées, la loi obligeait le citoyen, qui revendiquait
une épiclère déjà adjugée à un autre, à consigner
la παρακαταβολή : Ἐὰν δ' ἐπιδεδικασμένου ἀμφισβητῇ τοῦ
κλήρου ἢ τῆς ἐπικλήρου, προσκαλείσθω τὸν ἐπιδεδικασμένον
πρὸς τὸν ἄρχοντα, καθάπερ ἐπὶ τῶν ἄλλων δικῶν· παρακα-
ταβολὰς δ' εἶναι τῷ ἀμφισβητοῦντι (1). Cette παρακαταβολή
était probablement égale au dixième de la valeur de
la fortune de l'épiclère; le contestant la perdait au
profit de son adversaire, s'il succombait; dans le
cas contraire, elle lui était restituée.

Andocide parle d'une autre consignation, exigée
de ceux qui contestaient, soit la demande d'envoi
en possession, soit l'adjudication déjà prononcée;
ils devaient déposer la παράστασις (2). Mais, autant
que nous pouvons en juger, la παράστασις était d'une
drachme seulement, et l'obligation de verser une
somme si modique ne pouvait guère arrêter les
plaideurs athéniens.

Les textes ne nous disent pas pendant combien
de temps la revendication d'une épiclère déjà adjugée était possible. Nous avons indiqué, dans une
étude spéciale sur la prescription à Athènes, les
graves raisons qui ne permettent pas d'appliquer à
l'ἀμφισβήτησις τῆς ἐπικλήρου la même prescription qu'à
l'ἀμφισβήτησις d'une hérédité (3). Comme le but de

(1) Démosthène, *C. Macartatum*, § 16, Reiske, p. 1054.
(2) Andocide, *De mysteriis*, § 120, Didot, p. 68.
(3) *La prescription à Athènes*, 1869, p. 17 et suiv.

toute cette procédure était de donner au père de l'épiclère un successeur de son sang, nous serions tenté de dire que l'ἀμφισβήτησις n'était plus possible dès qu'un enfant mâle était né du mariage de l'épiclère et du plus proche parent.

III. — Le droit pour le plus proche parent de demander en justice la fille héritière existait, non-seulement lorsqu'elle était encore libre, mais même quand elle était déjà engagée dans les liens d'un mariage. Il fallait alors que l'épiclère se séparât de son mari, de celui-là même que son père, le meilleur juge des intérêts d'un enfant, lui avait donné pour époux (1). Démosthène n'exagère donc pas lorsqu'il dit que l'ἐπιδικασία est admise par la loi pour toutes les épiclères indistinctement : ἐπιδι- κασίαν εἶναι τῶν ἐπικλήρων ἁπασῶν (2).

Aussi ne sommes-nous pas surpris de lire dans les auteurs anciens que le mari de l'épiclère s'im- posait quelquefois de lourds sacrifices d'argent pour décider les parents de sa femme à renoncer à l'ἐπιδικασία et pour maintenir, grâce à cette renon- ciation chèrement achetée, un mariage bien assorti. Les parents abusaient quelquefois de leur situation ; le fait suivant, que rapporte Isée (3), le prouve suffisamment. Un citoyen d'Athènes avait une femme qu'il aimait tendrement. Cette femme fut

(1) Isée, *De Pyrrhi hereditate*, § 64, Didot, p. 258.
(2) Démosthène, *C. Stephanum*, II, § 22, Reiske, p. 1135.
(3) Isée, *De Aristarchi hereditate*, § 19, Didot, p. 308.

appelée à recueillir la succession de son père. Sans s'inquiéter d'elle, les plus proches parents se mirent aussitôt en possession de l'hérédité, et, quand, sur les instances de sa femme, le mari vint les attaquer et exiger une restitution, ils l'arrêtèrent en lui disant : « Sachez vous contenter de la dot que vous avez déjà ; car, si vous persistez à réclamer la succession de votre beau-père, nous allons user contre vous de notre droit rigoureux et vous dépouiller de votre femme par une ἐπιδικασία. » Le mari, qui tenait à n'être pas séparé de sa femme, cessa de troubler les usurpateurs, et ceux-ci jouirent paisiblement des biens de la succession échue à leur parente.

IV. — Pourquoi toute cette procédure, si peu en harmonie avec nos idées modernes ? Il faut en demander l'explication aux vieilles traditions aryennes.

M. Barthélemy Saint-Hilaire, parlant des lois héréditaires de l'Inde, a pu écrire sans trop d'exagération : « Nulle part les intérêts de la vie future n'ont tenu une si grande place dans l'organisation juridique de la vie présente et dans l'attribution des héritages. C'est toujours en vue du père décédé que les droits des fils sont établis ; c'est une sorte d'égoïsme posthume ; il faut de toutes les manières et à tout prix trouver un héritier qui puisse offrir au défunt le repas funèbre et lui assurer, par ses soins pieux, la béatitude et l'immortalité. La législation hindoue est la seule qui ait eu cette sollicitude, poussée jusqu'à la minutie et au fanatisme (1). »

Ce n'est pas une tâche aisée, au milieu des contradictions des légistes sacrés et de leurs commentateurs, de déterminer avec précision le droit successoral de l'Inde; mais il y a des points qui paraissent aujourd'hui bien établis (2). Lorsqu'un Hindou meurt sans laisser d'aurasa (fils légitime de père et de mère), on appelle à la succession le putrikâ-putra, c'est-à-dire le fils de la fille mariée sous la condition, expresse ou tacite, que l'enfant qui naîtra d'elle sera l'enfant du père de la fille, et que cet enfant accomplira les cérémonies funèbres en l'honneur de son aïeul maternel. « Que le fils de la putrikâ, dit Manou, prenne tout le bien de son grand-père maternel, mort sans enfant mâle, et qu'il offre deux gâteaux funèbres, l'un à son propre père, l'autre à son aïeul maternel; entre le fils d'un fils et le fils de la putrikâ, il n'y a dans ce monde aucune différence suivant la loi, puisque le père du premier et la mère du second sont tous deux du même homme (3). »

Les législateurs athéniens ont obéi à la même pensée; ils ont voulu donner au défunt, mort sans successibles mâles, un continuateur posthume, un héritier, qui recueillera la fortune

(1) *Journal des Savants*, 1875, p. 549.
(2) Aurel Mayr, *Das indische Erbrecht*, 1873, p. 91 et suiv.
(3) *Lois de Manou*, livre IX, çloka 131; Cf. Boissonade, *Histoire de la réserve héréditaire*, 1873, p. 26.

par l'entremise de l'ἐπίκληρος et qui perpétuera le culte du foyer. Ils ont voulu, de plus, que cet héritier posthume fût, autant que possible, du sang du défunt, et ils l'ont cherché dans le mariage de la fille et du plus proche parent. Ils ont permis cette union, quels que fussent les obstacles qu'elle rencontrait, et ils ont pris toutes les garanties pour que le parent le plus rapproché exerçât réellement son droit de donner un fils à son parent. Aussitôt que le vœu de la loi aura été exaucé et qu'un fils sera né du mariage, cet enfant, le fils de la fille, le θυγατριδοῦς, sera véritablement regardé comme le fils de son grand-père (1). Quand il aura atteint sa majorité, on ne s'inquiétera plus des droits de la fille, successible du premier degré. Sans attendre sa mort, on remettra au petit-fils tous les biens composant la succession de son aïeul; il en disposera en maître, sous la seule condition de fournir des aliments à sa mère (2). La maison du défunt sera restaurée, et les sacrifices aux dieux domestiques reprendront leur cours interrompu.

Le mariage de l'épiclère et du plus proche parent avait donc pour but de donner au défunt un héritier de son sang (3). Aussi la loi s'était-elle montrée prévoyante, afin de bien assurer ce résultat. Le

----

(1) Isée, *De Pyrrki hereditate*, § 73, Didot, p. 259, dit précisément : τὸν γεγονότα τῆς θυγατρὸς καθάπαξ εἰσαγαγεῖν υἱὸν ἑαυτῷ.

(2) Démosthène, *C. Stephanum*, II, § 20, Reiske, p. 1135.

(3) Gide, *Étude sur la condition privée de la femme*, 1867, p. 86.

mari qui négligeait sa femme et ne remplissait pas
ses devoirs conjugaux était exposé à une action
publique : la κακώσεως γραφή. Trois fois par mois,
il devait, bon gré, mal gré, κακῶς, comme dit le
texte, ἐντυγχάνειν τῇ ἐπικλήρῳ (1), ce qui a donné
lieu à tant de railleries de la part des comiques (2).

S'il faut en croire Plutarque, dont le témoignage a
rencontré, il est vrai, des contradicteurs (3), Solon
était même allé plus loin. Il avait permis à l'épiclère, quand son mari était impuissant, d'avoir des
relations avec celui des parents de son mari qu'elle
préférait. Le moraliste grec juge cette loi absurde et
ridicule; mais beaucoup de personnes l'approuvaient. « Elles trouvent juste, dit Plutarque, qu'on
punisse la cupidité de ceux qui, impropres au
mariage, épousent de riches épiclères pour jouir de
leurs biens, et s'autorisent de la loi pour outrager
la nature. Instruits que leur femme pourra s'attacher à un autre, ils renonceront au mariage, ou
bien ils ne se marieront que pour leur honte et
subiront la juste peine de leur avarice et de leur
impudence. » On applaudissait, nous dit encore
Plutarque, à la sagesse de Solon, qui avait obligé
la femme à fixer son choix sur un parent de son
mari, afin que les enfants à naître de cette union

(1) Plutarque, *Solon*, c. 20.

(2) Scholia in Aristophanem, *Equites*, v. 399; Lucien, *Bis
accusatus*, c. 27 et suiv.

(3) Wachsmuth, *Hellenische Alterthumskunde*, 2e éd., II,
§ 103, 21.

fussent toujours du même sang et de la même race (1).

Ces derniers mots de Plutarque ne sont-ils pas un trait de lumière ? Nous serions enclin à croire que le moraliste grec a attribué à Solon un usage depuis longtemps oublié lorsque parut ce législateur, et qu'il nous a conservé, à son insu et en l'altérant, une vieille tradition aryenne. Reportons-nous encore au droit successoral de l'Inde (2). Quand un Hindou n'a pas de fils, soit par maladie, soit par impuissance, soit pour toute autre cause, il peut autoriser son jeune frère, ou un de ses sapindas (parents dans la ligne masculine ayant le même bisaïeul), ou un homme de sa *gens*, mais jamais d'autre, à avoir des relations avec sa femme, qu'il lui délègue jusqu'à ce qu'elle devienne enceinte d'un fils. L'enfant né de cette union s'appelle ksetraja ; il est né dans le champ du mari et il est du même sang que le mari.

Le législateur hindou, en autorisant un pareil usage, l'a entouré de toutes sortes de précautions morales. L'homme désigné par le mari ne doit s'approcher de la femme qu'à des intervalles déterminés, pendant la nuit et en silence ; il ne doit pas agir pour satisfaire ses passions, il ne doit songer qu'à l'office sacré dont il est chargé. La femme sera vêtue de blanc et s'efforcera de dégager son cœur et son esprit de toute préoccupation sen-

(1) Plutarque, *Solon*, c. 20.
(2) Aurel Mayr, *Das indische Erbrecht*, 1873, p. 97 et suiv.

suelle. Ce commerce cessera dès que la femme sera enceinte, sauf à recommencer si le produit de la grossesse n'est pas un fils.....

Mais, quelles que fussent les prescriptions légales, il devait y avoir bien des abus. Manou lui-même nous apprend, en protestant il est vrai, que certains docteurs prévoyants permettaient de continuer les relations jusqu'à la naissance d'un second fils, destiné à prendre la place du premier, si celui-ci venait à mourir (1)..... Éloignés de leur pays d'origine, les peuples aryens ne conservèrent pas une coutume si dangereuse pour la sainteté du mariage; mais le souvenir en resta confus chez les Athéniens et chez d'autres peuples grecs, et Plutarque s'en est fait l'interprète.

§ 8.

Lorsqu'il y avait plusieurs filles, elles étaient toutes ἐπίκληροι et avaient des droits égaux à la succession de leur père. La faculté de les demander en justice par la voie de l'ἐπιδικασία appartenait alors aux parents les plus proches; du premier degré, s'ils étaient en nombre égal aux épiclères; du premier degré et même des degrés plus éloignés, si les parents du premier degré étaient moins nombreux que les filles.

Andocide nous apprend que les parents se mettaient habituellement d'accord pour l'exercice de

(1) *Lois de Manou*, IX, çlokas 60 et suiv.

leurs droits respectifs et pour la détermination des épiclères que chacun réclamerait. Un oncle maternel de l'orateur, Epilykos, était mort en Sicile, n'ayant pas d'enfants mâles, mais laissant deux filles, dont les plus proches parents étaient Andocide et Leagros. Les affaires d'Epilykos étaient en très-mauvais état; car l'actif apparent n'était pas de deux talents, et le passif s'élevait à plus de cinq. Andocide alla trouver Leagros et lui dit : « Agissons en bons parents, et épousons mes cousines. Si mon oncle vivait encore ou s'il était mort riche, nous n'hésiterions pas à nous prévaloir de la proximité de notre parenté pour demander que ses filles nous soient adjugées; nous le ferions, soit par affection pour Epilykos, soit par intérêt. Eh bien ! faisons-le par devoir; convenons entre nous que vous demanderez en justice telle de mes cousines; moi, je réclamerai l'autre. » L'accord fut conclu, et l'ἐπιδικασία fut formée suivant les termes de la convention : Ἐπιδικασάμεθα ἄμφω κατὰ τὴν πρὸς ἡμᾶς ὁμολογίαν (1).

L'orateur ajoute un détail intéressant, qui prouve que le droit résultant d'un pareil contrat était essentiellement personnel, et ne pouvait pas être cédé à un tiers. La jeune fille qu'Andocide avait choisie mourut. Leagros, mal disposé à l'égard de l'autre jeune fille, était prêt à vendre son droit à un étranger nommé Callias. Andocide intervint de nouveau (2) : « Si vous voulez, dit-il à Leagros,.

(1) Andocide, *De mysteriis*, §§ 117 et suiv., Didot, p. 68.
(2) *Eod. loc.*, § 120.

épouser ma cousine, je n'y mets pas obstacle, et je forme des vœux pour votre bonheur. Mais, si, au contraire, vous aliénez votre droit au profit d'un tiers, je vais agir pour mon propre compte et demander que cette jeune fille me soit adjugée. »

§ 9.

Si le défunt laissait des filles et des petits-enfants issus de filles prédécédées, les petits-fils avaient le droit de venir à la succession de leur aïeul par représentation de leur mère : Πατρῴων χρημάτων τὸ ἴσον αὐταῖς (*filiabus et defunctarum filiarum filiis*) ὁ νόμος μετασχεῖν δίδωσι (1).

La succession se divisait naturellement par souches; car, comme le disaient nos anciens auteurs, « représentation et partage par souches sont choses absolument réciproques. » Cependant de Boor a soutenu que les filles survivantes et les fils des filles prédécédées succédaient par têtes. Nous ne connaissons aucun texte qui nous oblige à admettre un mode de répartition si injuste pour les filles survivantes (2). La mort de leur sœur laissant une nombreuse postérité masculine peut-elle avoir raisonnablement pour conséquence d'amoindrir la part

(1) Isée, *De Apollodori hereditate*, § 20, Didot, p. 286.

(2) Nous aurons à examiner plus tard si la succession du frère, recueillie par des sœurs et par des descendants de sœurs prédécédées, se divisait *per stirpes* ou *per capita*; sur ce point, les textes soulèvent une controverse sérieuse.

qu'elles auraient eue si la succession eût été recueillie par tous les héritiers du premier degré (1)?

Quand la fille prédécédée avait laissé des fils et des filles, les fils seuls représentaient leur mère dans la succession de l'aïeul, et ils étaient obligés de doter leurs sœurs (2). Si elle n'avait laissé que des filles, celles-ci succédaient alors et se distribuaient également la part à laquelle leur mère eût été appelée.

Nous venons de dire que les filles étaient obligées de subir le concours de leurs neveux, les enfants nés de filles prédécédées. Ne devrions-nous pas même aller plus loin et admettre que les filles partageaient avec leurs propres enfants la succession de leur père?

Euctémon avait laissé deux filles, mariées l'une à Chæréas, l'autre à Phanostrate (3); chacune d'elles aurait dû, par conséquent, recueillir la moitié des biens d'Euctémon. Et cependant nous voyons que la femme de Chæréas n'en avait qu'un cinquième (4). Comme il y avait trois petits-enfants,

(1) Cf. Schneider, *De jure hereditario Atheniensium*, p. 18. Voir aussi Buermann, *Rheinisches Museum*, t. XXXII, p. 355 à 359; les arguments invoqués pour le cas de sœurs en concours avec les enfants de sœurs prédécédées trouvent leur application par analogie dans le cas prévu par nous. Cf. Grasshoff, *De successione ab intestato*, p. 26 et p. 28 à 30.

(2) Schneider, *Eod. loc.*, p. 18.

(3) Isée, *De Philoctemonis hereditate*, §§ 6, 10 et 39, Didot, p. 274 et suiv.

(4) *Eod. loc.*, § 45, Didot, p. 280.

savoir une fille de Chæréas (1) et deux fils de Phanostrate (2), on est porté à croire que la part de la
femme de Chæréas fut seulement du cinquième,
parce que cette femme était obligée de partager
avec sa sœur, sa fille et ses deux neveux. Cette
interprétation se trouve confirmée par deux passages du discours d'Isée : « Euctémon, à sa mort,
devait avoir pour héritiers ses filles ET leurs enfants,
τὰς θυγατέρας ΚΑΙ τοὺς ἐκ τούτων γεγονότας (3)... »
« Au lieu d'attribuer la succession d'Euctémon à
des étrangers, n'est-il pas plus conforme à la justice
d'appeler comme héritières ses filles, dont la légitimité est reconnue par tout le monde, ET nous les
enfants de ses filles, κληρονομεῖν τὰς ἐκείνων θυγατέρας
ΚΑΙ τοὺς τοὺς ἐκ τούτων γεγονότας (4) ? » Aussi l'illustre
philologue, qui a célébré le 20 juin 1873 le soixan-
tième anniversaire d'un enseignement fécond pour
l'étude du droit attique, M. Schœmann, pense que
les filles étaient admises à la succession de leur
père en concours avec leurs propres enfants : « Hoc
mihi maxime probandum videtur ut in avi materni
bona nepotes una cum filiabus, LIBEROS CUM MATRI-
BUS successisse statuas. » Il en donne la raison :
les filles épiclères, même lorsqu'elles étaient mariées, étaient ἐπίδικοι ; leurs plus proches parents
pouvaient donc les réclamer par la voie de l'ἐπιδικασία

<hr>

(1) Isée, *De Philoctemonis hereditate*, § 32, Didot, p. 278.
(2) *Eod. loc.*, § 6, Didot, p. 274.
(3) *Eod. loc.*, § 30, Didot, p. 278.
(4) *Eod. loc.*, § 55, Didot, p. 281.

et rompre leur mariage. N'était-il pas juste d'accorder aux enfants nés de la première union une part de la succession de leur aïeul (1)?

Ce fait serait tellement extraordinaire que nous ne pouvons nous décider à l'admettre sur de simples inductions tirées de généalogies assez obscures. La succession d'Euctémon a dû être recueillie par ses deux filles, qui se la partageaient également. Si l'orateur parle aussi des enfants des filles, c'est qu'ils bénéficient de la vocation de leurs mères, soit en administrant dès maintenant leurs lots, soit en ayant la perspective de les recueillir un jour (2).

Restent les mots : πέμπτῳ μέρους. La part de la fille était du cinquième de la succession! Hermann a proposé de lire ἐπὶ μέρους, et cette correction, qui ferait disparaître complétement la difficulté que nous venons d'indiquer, est déjà adoptée par plusieurs savants (3).

(1) Schœmann, *Ad Isæum*, p. 320.

(2) Voir ce que dit M. Buermann, *Rheinisches Museum*, t. XXXII, p. 355, note 1, pour réfuter l'opinion de ceux qui pensent que les neveux succédaient en concours avec leurs propres mères, les sœurs du *de cujus*. Cf. Grasshoff, *De successione ab intestato*, p. 26.

(3) Voir Schneider, *De jure hereditario Atheniensium*, p. 20. — M. Grasshoff, *De successione ab intestato*, p. 25, va plus loin : « Mihi verba πέμπτῳ μέρους videntur prorsus exterminanda, quippe quæ profecta sunt ab aliquo, qui, quæ hereditatis pars ad hanc Euctemonis filiam venisset, computans, ista verba πέμπτῳ μέρους margini adscripsit, unde postea in ipsam orationem inserta sunt. » M. Grasshoff trouve en effet que ces mots « parum apte collocata sunt et verborum con-

§ 10.

Lorsque la fille épiclère appartenait à la dernière classe des citoyens d'Athènes, en d'autres termes, quand elle était une Θῆσσα, la règle n'était plus tout à fait la même. La loi ne se bornait plus à dire au plus proche parent : Vous avez la faculté d'épouser votre parente; elle lui disait : Vous êtes obligé de l'épouser, et, dans le cas où vous refuseriez de le faire, vous lui fournirez une dot qui lui permettra de trouver un autre mari (1).

Cette loi, que l'on attribue généralement à Solon et que Solon lui-même avait peut-être tirée de la législation de Charondas (2), est rapportée par Térence dans une comédie que le poëte latin

turbant concinnitatem. » — M. Van den Es, dans une note manuscrite qu'il nous a adressée le 8 janvier 1877, exprimait déjà l'opinion que « les deux mots ἐπικλήρῳ πένητι sont de la main d'un interprète »; mais il reconnaissait, en même temps, que la correction ἐπὶ πένητι n'a rien d'invraisemblable au point de vue paléographique. Là où un manuscrit portait $\frac{\pi}{\epsilon} = $ ἐπί, un copiste peu attentif a pu lire $\frac{\omega}{\epsilon} = $ ἐπικλήρῳ.

(1) Pollux, *Onomasticon*, III, 33.

(2) Diodore de Sicile, XII, 18. A Thurium, le plus proche parent eut d'abord l'option entre épouser sa parente pauvre ou lui donner cinq cents drachmes; mais, sur la demande d'une jeune fille, le droit d'opter fut enlevé et le parent dut nécessairement épouser sa parente.

déclare avoir empruntée à l'Ἐπιδικαζόμενος d'Apollodore :

> *Lex est ut orbæ qui sunt genere proximi*
> *Iis nubant, et illos ducere eadem hæc lex jubet* (1).

Plus loin, un père, apprenant que, en vertu de cette loi, son fils a épousé une fille pauvre, s'indigne de la conduite de son fils, qui aurait dû se borner à doter sa parente :

> *Non fuit necesse habere; sed id quod lex jubet*
> *Dotem daretis; quæreret alium virum* (2).

Il propose de rompre le mariage, et de donner à la jeune fille la somme d'argent que la loi lui permettait d'exiger :

> *. . . . . Id quod lex jubet*
> *Dotem dare, abduce hanc; minas quinque accipe* (3).

Nous avons reproduit le texte de Térence (4),

(1) Térence, *Phormio*, I, 2, v. 75-76.
(2) Térence, *Phormio*, II, 1, v. 66-67.
(3) *Eod. loc.*, II, 3, v. 52-53.
(4) Nous ne craignons pas, sur un point de droit attique, de faire appel au témoignage de Térence. — Cependant, dans une thèse pour le doctorat ès lettres, *De jure apud Terentium*, présentée à la Faculté de Paris le 1ᵉʳ mai 1878 par M. Paul Baret, on lit, p. 49 : « Romanum jus secutum esse Terentium liquet, græcum raro attigisse. » — Cette proposition, qui ré-

parce qu'il est plus complet que celui des grammairiens. — Nous trouvons, il est vrai, dans le
discours de Démosthène contre Macartatos, un
document législatif qui devrait, en apparence, nous
dispenser d'invoquer tout autre témoignage. « Lorsqu'il s'agira d'une épiclère appartenant à la classe
des thètes, le plus proche parent, s'il ne veut pas
l'épouser, devra la doter. La dot sera de cinq cents
drachmes si le plus proche parent est un pentaco-
siomédimne, de trois cents drachmes s'il est che-
valier, de cent cinquante drachmes s'il est zeugite;
le tout indépendamment de la fortune personnelle
de la femme. Si l'épiclère a plusieurs parents au
même degré, chacun d'eux contribuera à la dot
pour sa part. S'il y a plusieurs épiclères, il suffira

sume la dissertation tout entière, nous paraît diamétralement
contraire à la vérité. Térence ne peint ni les mœurs, ni les
institutions de Rome; ses comédies sont presque exclusivement une image de la Grèce. On trouve bien çà et là des
expressions techniques empruntées à la langue juridique de
Rome : *Restitui in integrum* (*Phormio*, II, v. 451); *Possidere
vi, vel clam, vel precario* (*Eunuchus*, II, v. 319); *Liberalis
causa* (*Adelphi*, II, v. 195), etc., etc... Mais y avait-il pour
le poète comique, qui transportait sur la scène romaine les
comédies écrites pour des Athéniens par Ménandre ou Apollodore, un parti plus simple et plus naturel que de traduire
les termes du droit attique en employant les termes correspondants du droit romain? S'il se fût toujours servi, comme
il l'a fait parfois, d'expressions grecques, les spectateurs
n'auraient pas compris. — Nous partageons donc complètement l'avis des savants professeurs qui, pendant une argumentation de plus de trois heures, ont démontré à M. Baret
que la vérité se trouve, non pas dans sa conclusion, mais

à la famille (1) d'en doter une. Le plus proche parent doit donc doter ou épouser sa parente. Si le plus proche parent n'épouse pas ou ne dote pas l'épiclère, l'archonte le contraindra à l'épouser ou à la doter. Si l'archonte ne le contraint pas, l'archonte sera puni d'une amende de mille drachmes, consacrées à Héra. Toute personne aura le droit de dénoncer à l'archonte celui qui ne se conformera pas à ces prescriptions (2). » — Mais cette loi a été jugée apocryphe; les objections que les philologues ont soulevées contre elle sont si fortes qu'il est difficile de lui accorder quelque créance lorsque son témoignage est en contradiction avec d'autres renseignements.

Ainsi, par exemple, elle fait varier le chiffre de la dot avec la fortune du parent qui devait la constituer. Les pentacosiomédimnes, c'est-à-dire les citoyens assez riches pour retirer de leurs propriétés cinq cents mesures de produits, médimnes ou métrètes, devaient à l'épiclère cinq cents drachmes. Les chevaliers, qui récoltaient seulement de trois cents à cinq cents mesures, devaient trois cents drachmes. Les zeugites, qui récoltaient,

dans cette formule : « Græcum jus secutum esse Terentium, romanum rarissime attigisse. » Tous les témoins de la soutenance de M. Baret nous ont paru convaincus par les raisons que MM. Fustel de Coulanges et Georges Perrot ont savamment et habilement développées ; peut-être même le candidat est-il aujourd'hui de l'avis de ses juges.

(1) Il faut lire τῷ γένει et non pas τῷ γ' ἐπί.

(2) Démosthène, *C. Macartatum*, § 54, Reiske, p. 1067.

suivant les uns, plus de deux cents, suivant d'autres plus de cent cinquante mesures, ne devaient que cent cinquante drachmes. Cette variation, calculée sur le revenu minimum de chaque classe de citoyens, n'a en elle-même rien de déraisonnable. Mais tous les autres textes qui nous sont parvenus indiquent, d'une façon absolue et sans aucune distinction, la somme de cinq cents drachmes. « Il fallait, dit Harpocration, que le plus proche parent prît en mariage la θῆττα ou qu'il lui donnât cinq mines (1). » Le grammairien cite en ce sens le poëte comique Posidippe. Dans le discours de Dinarque, à propos de la fille d'Aristophon, on lisait que les proches parents donnent cinq mines aux jeunes filles pauvres (2). « L'épiclère qui n'a pas de dot et que son père a laissée dans la misère recevra, dit Suidas, à titre de dot et en vertu des dispositions de la loi, une somme de cinq cents drachmes que lui paieront ses parents (3). » Térence, dans la comédie qu'il a empruntée à Apollodore, écrit : « Id quod lex jubet dotem dare, minas quinque, accipe (4). » Enfin, Charondas, dans la loi qui, dit-on, servit de modèle à Solon, obligeait le plus proche parent à épouser l'orpheline ou à lui payer cinq cents drachmes (5). L'unanimité de ces témoignages ne

(1) Harpocration, v° θῆττα, édition Bekker, p. 98.
(2) Harpocration, v° ἐπίδικος, édition Bekker, p. 79.
(3) Suidas, v° θῆττα, éd. Bernhardy, p. 1187.
(4) Térence, *Phormio*, II, 3, v. 52-53.
(5) Diodore de Sicile, XII, 18.

doit-elle pas l'emporter sur un texte jugé apocryphe?

On peut ajouter que la loi intercalée dans le discours de Démosthène, en gardant le silence sur le cas où le parent de la θῆσσα était lui-même un thète, semble dire que ce parent n'était grevé d'aucune obligation. L'esprit de la loi, le désir de maintenir les familles et de protéger les filles pauvres, doit plutôt conduire à décider que les thètes eux-mêmes devaient épouser leurs parentes ou tout au moins leur trouver un mari (1).

Le grammairien Aristophane de Byzance déclare que le chiffre de la dot due à la θῆσσα fut élevé de cinq cents drachmes à mille drachmes (2). — Cette augmentation, si réellement elle a eu lieu, serait postérieure au discours de Dinarque (quatrième siècle avant J.-C.) et même à la comédie de Posidippe (troisième siècle avant J.-C.) que nous avons cités; car ces deux auteurs parlent encore de cinq cents drachmes.

(1) Voir en ce sens M. Van den Es, *De jure familiarum apud Athenienses*, p. 43.
(2) Voir Samuel Petit, *Leges atticæ*, éd. 1742, p. 552.

SECTION DEUXIÈME.

LE PÈRE.

SOMMAIRE. — § I. Le père est au nombre des successibles. — § II. Il succède avant les collatéraux.

§ I.

LA loi athénienne avait-elle placé le père du défunt au nombre de ses héritiers ? Cette question est vivement discutée, et nous ne l'abordons pas sans éprouver encore quelques scrupules.

I. — Gans, dans sa remarquable *Histoire du droit de succession*, a soutenu avec énergie que le père n'avait pas, à Athènes, la qualité de successible. Les textes des lois héréditaires, qui nous ont été conservés dans les discours de Démosthène et d'Isée, ne font de lui aucune mention. Ils parlent des descendants et des collatéraux ; mais ils gardent sur les ascendants un silence qui implique nécessairement une idée d'exclusion. L'opinion de Gans, déjà formulée par l'Anglais William

Jones, a été adoptée, en 1831, par M. Schœmann (1).

M. Georges Perrot reconnaît, lui aussi, que les
lois de Solon n'avaient attribué au père aucun
droit sur la succession de ses enfants ; mais, « à
mesure que l'on s'éloigna de l'époque et de la
conception primitives, on finit par trouver bien
dure, bien contraire à la nature, une loi qui
risquait de laisser mourir dans la misère de vieux
parents, tandis que l'opulent héritage de leur fils
allait à des cousins éloignés. » Aussi, « vers le
temps d'Isée et de Démosthène, on s'efforçait d'arriver, par voie d'interprétation, à faire reconnaître
au père et à la mère un droit sur la succession de
leurs enfants (2). » — M. Dareste propose la même
conclusion, avec cette différence toutefois qu'il
restreint à la mère la faveur qui, d'après M. Perrot,
était commune aux deux parents : « La loi de
Solon ne parlait ni du père, ni de la mère ; mais
déjà, au temps de Démosthène, on commençait à
soutenir que la loi, qui appelait à la succession
les parents par la mère, à défaut des parents par
le père, appelait, à plus forte raison et implicitement, la mère elle-même (3). »

(1) *Ad Isæum*, p. 321, note ; cf. *Attische Process*, p. xxi.
Notons toutefois que M. Schœmann est revenu sur son opinion primitive ; il admet aujourd'hui l'extrême probabilité d'i
droit du père : « Admodum probabile jus patris nobis videtur. »
Voir *Opuscula academica*, t. I, p. 273 ; cf. p. 276.

(2) *L'éloquence politique et judiciaire à Athènes*, t. I, p. 377.

(3) *Les Plaidoyers civils de Démosthène*, 1875, t. I, p. xxviii.

D'autres, comme Bunsen (1), Platner, MM. Schelling (2), Giraud (3), Mayer (4), etc., soit en se fondant sur l'esprit du droit attique, soit en s'appuyant sur des textes que nous examinerons bientôt, admettent le père parmi les héritiers (5). Mais ils sont loin de s'accorder entre eux sur le rang qui lui était attribué. Bunsen, MM. Giraud, Schelling, Cauvet (6), Maurocordato (7), Mayer, croient que le père excluait tous les collatéraux, même les frères, tandis que de Boor (8), Schneider (9) et Hermann (10), le traitent moins favorablement.

Il en est enfin qui, comme Wachsmuth (11) et M. Westermann (12), évitent prudemment toute allusion à une controverse si délicate.

Au milieu de ce conflit d'opinions, que recommandent indistinctement de graves autorités, il n'est pas aisé de découvrir la vérité.

(1) *De jure hereditario Atheniensium*, 1813, p. 21 et suiv.

(2) *De Solonis legibus apud oratores atticos*, 1842, p. 108-114.

(3) *Revue de législation et de jurisprudence*, t. XVI, 1842, p. 118-119.

(4) *Das Recht der Athener*, t. II, 1866, p. 466, § 257.

(5) Conf. Van Stegeren, *De conditione civili feminarum atheniensium*, 1839, p. 126.

(6) *De l'organisation de la famille à Athènes*, 1845, p. 76.

(7) Thèse pour le doctorat en droit, Paris, 1847, p. 27-28.

(8) *Ueber das attische Intestaterbrecht*, 1838, p. 47.

(9) *De jure hereditario Atheniensium*, 1851, p. 21-22.

(10) *Privalalterthümer*, 2e éd., 1870, § 64.

(11) *Hellenische Alterthumskunde*, 2e édit., t. II, 1846, p. 174 et suiv.

(12) Pauly, *Real-Encyclopædie*, t. III, v° *Hereditarium jus.*

II. — L'argument principal des partisans du droit de succession au profit du père se trouve dans le discours d'Isée sur la succession de Philoctémon (1). Euctémon avait un fils, nommé Philoctémon, qui mourut sans enfants légitimes, laissant des sœurs et un héritier testamentaire. Celui-ci ne fit pas valoir immédiatement son titre. Mais, plus tard, à la mort d'Euctémon, un procès s'engagea entre l'héritier de Philoctémon, nommé Chærestrate, et deux autres personnes qui prétendaient être fils légitimes d'Euctémon. Ce fut à l'occasion de ce conflit que l'orateur Isée composa son plaidoyer. De l'ensemble, comme de chacune des parties du discours, il résulte, dit-on, de la manière la plus évidente, que les deux successions d'Euctémon et de Philoctémon sont également l'objet du litige. Or, comment se fait-il que la succession de Philoctémon se trouve, au moment de la pétition d'hérédité, réunie à celle de son père Euctémon, puisque Philoctémon avait des sœurs ? Il est impossible d'expliquer cette fusion des deux héritages, à moins d'admettre qu'Euctémon, le père de Philoctémon, à défaut de descendants légitimes ou d'héritiers testamentaires faisant prévaloir leurs droits, était arrivé à la succession, en primant les sœurs (2). C'est bien

(1) Voir surtout Schelling, *De Solonis legibus*, p. 109-114.
(2) Maurocordato, *loc. cit.*, p. 28. — M. Télfy, dans son *Corpus juris attici*, n° 1391, croit pouvoir formuler ainsi la loi athénienne relative à ce sujet : Εἰ τῷ υἱῷ μὴ ἔωσι ἐκποίητοι,

là, ajoute-t-on, ce que déclare l'orateur lui-même :
« Si, comme le prétendent nos adversaires, Philoctémon n'avait pas le droit de faire un testament,
sa succession devait aller à Euctémon... Εἰ γάρ,
ὡς οὗτοι λέγουσι, τῷ μὲν Φιλοκτήμονι μὴ ἐξῆν διαθέσθαι,
τοῦ δ' Εὐκτήμονός ἐστιν ὁ κλῆρος (1). »

Nous ne croyons pas que cette argumentation
puisse être acceptée comme décisive ; elle se heurte
à des objections dont il ne nous semble pas permis
de nier la gravité.

L'impression que nous éprouvons, en lisant le
plaidoyer d'Isée, est que Philoctémon, pendant sa
vie, n'avait pas de fortune personnelle, distincte et
indépendante des biens de son père. Car, s'il avait
eu une fortune personnelle, comment pourrait-on
expliquer le silence que Chærestrate, l'héritier qu'il
avait choisi et adopté par testament, garda après
sa mort jusqu'au moment du décès d'Euctémon ?
C'est à cette époque seulement que Chærestrate
fit valoir ses droits et réclama, comme petit-fils, la
succession de l'auteur de son père adoptif. Si donc
l'hérédité d'Euctémon est quelquefois présentée par
l'orateur comme étant aussi l'hérédité de Philoctémon, ce n'est pas parce que le père avait succédé
à son fils ; c'est parce que le père avait continué
de jouir, après la mort de son fils, sans que per-

τοῦ πατρός ἐστιν ὁ κλῆρος. Il faut naturellement sous-entendre
que le fils n'a pas d'enfant.

(1) Isée, *De Philoctemonis hereditate*, § 56, Didot, p. 281 ;
cf. Bunsen, *De jure hereditario Atheniensium*, p. 22, et
Schelling, *De Solonis legibus*, p. 111-112.

sonne voulût ou pût réclamer le partage, des biens qui étaient indivis entre eux. Voilà pourquoi l'orateur parle indifféremment, tantôt de la succession d'Euctémon (1), tantôt de la succession de Philoctémon (2); voilà aussi pourquoi, dans d'autres cas, il rapproche les deux noms du père et du fils (3).

Cette communauté de biens, cette indivision entre le père et le fils sont clairement attestées par l'orateur : « Euctémon, avec son fils Philoctémon, possédait une grande fortune. Ils se soumettaient l'un et l'autre aux charges publiques, aux liturgies les plus onéreuses, sans être obligés d'aliéner le capital, sans même épuiser la totalité des revenus, dont l'excédant était employé à de nouvelles acquisitions. Depuis la mort de Philoctémon, la fortune a tellement diminué qu'il ne reste plus la moitié du capital et que toutes les économies faites sur les revenus ont disparu (4). »

L'indivision pendant la vie de Philoctémon n'a rien qui doive nous surprendre. Mais pourquoi continua-t-elle d'exister après sa mort ? Pourquoi son fils adoptif Chærestrate négligea-t-il de faire valoir ses droits et de réclamer le partage ou la licitation des biens indivis entre Euctémon et l'adoptant ? Pourquoi attendit-il, pour opposer et faire reconnaître judiciairement sa qualité, la mort

(1) §§ 17, 26, 56, Didot, p. 276, 277, 281.
(2) §§ 3, 4, 51, Didot, p. 274, 280.
(3) § 47, Didot, p. 280.
(4) § 38, Didot, p. 279.

d'Euctémon ? Fut-il arrêté par des obstacles de droit ou voulut-il user de ménagements pour son grand-père ? Nous ne saurions répondre à ces questions d'une manière satisfaisante. Mais nous croyons en avoir dit assez pour prouver que le droit successoral du père n'est pas démontré par ce discours d'Isée (1).

III. — On a invoqué en faveur du père un autre argument, qui ne résiste pas mieux à la discussion que celui qu'on avait cru trouver dans le plaidoyer sur la succession de Philoctémon.

La loi des successions était ainsi conçue : Lorsqu'une personne mourra sans laisser de descendants du sexe masculin ou du sexe féminin, voici quels seront les maîtres de sa fortune : Ἐὰν ἀδελφοὶ ὦσιν ὁμοπάτορες· καὶ ἐὰν παῖδες ἐξ ἀδελφῶν γνήσιοι, τὴν τοῦ πατρὸς μοῖραν λαγχάνειν (2) ; ce qui signifie, d'après quelques interprètes, que les frères consanguins et les fils légitimes de frères consanguins prendront la part qu'aurait eue le père du défunt s'il vivait encore. Ne résulte-t-il pas clairement de ce texte que le père, lorsqu'il survivait à son fils, recueillait la succession, puisque, à son défaut, sa part était

____

(1) Voir Schœmann, *Opuscula academica*, I, p. 272-284. — M. Grasshoff, *De successione ab intestato*, p. 47 à 56, expose les diverses opinions qui se sont produites sur la question de droit soulevée par le discours sur l'hérédité de Philoctémon, et il conclut en ces termes : « Manifestum est de patris successione nihil ex hac oratione effici posse. »

(2) Démosthène, *C. Macartatum*, § 51, Reiske, p. 1067.

dévolue à ses fils et à ses petits-fils, c'est-à-dire
aux frères et aux neveux du défunt? Si le père
n'avait pas été au nombre des successibles, la loi
n'aurait pas parlé de la μοῖρα πατρός (1).

Mais d'autres interprètes, non moins autorisés
que les premiers, entendent tout autrement le texte
de la loi et ne voient pas dans le πατήρ le père du
défunt. Voici quelle est, à leur avis, la pensée du
législateur : Lorsqu'il n'y aura ni fils ni filles, la
succession passera aux frères consanguins ; les fils
légitimes des frères consanguins prédécédés viendront par représentation prendre la place qu'aurait
eue leur père, frère du défunt. Les mots τὴν τοῦ
πατρὸς μοῖραν λαγχάνειν signifient donc, d'abord que
les frères n'excluront pas leurs neveux ; ensuite
que, entre frères et neveux ou entre neveux, la
succession se partagera par souches et non par têtes.
La πατρὸς μοῖρα n'est donc pas la part du père du
défunt, mais la part d'un frère du défunt mort
avant celui-ci et représenté par les fils qu'il a
laissés (2).

De ces deux explications, la seconde parait la
plus raisonnable. Ne serait-ce pas une formule
législative singulière que celle qui, pour appeler

<hr>

(1) Bunsen, *De jure hereditario Atheniensium*, p. 23, note;
Schelling, *De Solonis legibus*, p. 114. M. Giraud, *Revue de
législation*, t. XVI, p. 119, dit même que, « pour lui, le
texte de Démosthène est d'une telle clarté que tout autre
argument lui semble superflu. »

(2) Schœmann, *Opuscula academica*, I, p. 283. — Cf. Grasshoff, *De successione ab intestato*, p. 56, note 180.

des frères à la succession de leur frère, dirait : Ils prendront la part dévolue au père du défunt? Cela supposerait d'ailleurs que le père du défunt partageait avec quelqu'un, puisque la loi parle de μοῖρα, et l'on ne nous dit pas quel était ce copartageant. Appliqués, au contraire, à la représentation, les termes de la loi, succincte comme toutes les dispositions qu'on faisait remonter à Solon (σύντομος νόμος) (1), sont parfaitement exacts.

Si les mots πατρὸς μοῖρα désignent, comme nous le croyons, la part d'un frère, et non la part du père du défunt, ils sont étrangers à la question qui nous occupe, et l'argument qu'on avait voulu en tirer s'évanouit complètement.

IV. — Ces arguments sur lesquels on fonde habituellement le droit du père étant écartés, il semble que nous devrions nous prononcer contre lui. Nous allons néanmoins essayer d'invoquer en sa faveur d'autres raisons plus décisives, et notre conclusion sera que le père était successible avant tous les collatéraux.

Au point de vue rationnel d'abord, n'est-il pas juste que le père du défunt soit appelé avant les frères et tous les autres parents *a latere* ? Les jurisconsultes athéniens avaient fort sagement remarqué que, pour reconnaître un lien de parenté entre deux personnes appartenant à des lignes collatérales, il faut nécessairement remonter dans

(1) Isée, *De Hagniæ hereditate*, § 3, Didot, p. 309.

l'une des lignes jusqu'à l'auteur commun, pour redescendre ensuite dans l'autre ligne (1). Entre frères, par exemple, on doit d'abord dans une ligne remonter d'un degré jusqu'au père, pour redescendre ensuite d'un degré dans l'autre ligne. Entre oncle et neveu, il faut dans une ligne remonter d'un degré et dans l'autre ligne redescendre de deux degrés. Entre cousins germains, dans une ligne, on remonte de deux degrés jusqu'à l'aïeul, puis on redescend de deux degrés dans l'autre ligne, et ainsi de suite pour les parents plus éloignés. Si le frère ne peut arriver à son frère qu'en passant par la personne du père, il est naturel d'en conclure que le père est plus que lui rapproché du défunt, et que, par conséquent, le père doit lui être préféré. Ce mode d'argumentation trouve également sa place pour les autres parents (2).

De plus, il est incontestable, comme nous le

(1) Voir cependant Dareste, *Journal des Savants*, 1874, p. 623, et *Plaidoyers civils de Démosthène*, I, p. XXIX: « Comme les Germains et comme le droit canonique, le droit athénien ne compte que les degrés qui séparent le défunt de l'auteur commun. »

(2) M. Grasshoff, *De successione ab intestato*, p. 56. — Cet auteur invoque, de plus, en faveur du père, le principe de réciprocité : « Cum bona ab ascendentibus relicta descendentes acciperent, ad illos quoque post horum obitum jure hereditatis bona redisse verisimillimum est. » M. Grasshoff fait enfin remarquer que les ascendants dans le besoin pouvaient réclamer des aliments à leurs descendants, et il en conclut, sans doute, que le père pouvait succéder, la succession étant alors l'amortissement de la dette alimentaire.

verrons plus tard, que l'oncle pouvait, à défaut de parents plus favorisés, recueillir la succession de son neveu. N'est-on pas fondé à soutenir, par argument *a fortiori*, que le père, encore plus digne de faveur que l'oncle, devait avoir le droit de succéder à son fils prédécédé ?

Vainement dirait-on que la pensée qui dominait tout le droit successoral, — assurer par l'héritage la perpétuité de la famille, — commandait d'appeler des collatéraux, c'est-à-dire des parents encore jeunes, et d'écarter les ascendants, c'est-à-dire des parents déjà avancés en âge (1). — L'objection ne serait pas toujours admissible en fait, et, d'ailleurs, elle aurait dû faire écarter l'oncle aussi bien que le père.

Nous croyons que le droit du père n'a rien de contraire aux vieilles législations aryennes. Manou, Yâjnavalkya et les Hindous les plus autorisés classent le père parmi les successibles de l'homme mort sans descendants. Ils se divisent sur le point de savoir s'il exclut les frères ou s'il vient avec eux en concurrence. Mais, sans hésitation, ils le déclarent habile à recueillir la succession de son fils (2).

Tous ces raisonnements, s'ils étaient isolés, n'auraient pour eux que la logique rigoureuse, et ils seraient peut-être insuffisants pour entraîner la

____

(1) G. Perrot, *L'Éloquence judiciaire à Athènes*, t. Ier, p. 377.

(2) Aurel Mayr, *Das indische Erbrecht*, p. 136.

conviction. Mais nous croyons que le discours contre Léocharès peut leur fournir l'appui, que nous n'avons pas trouvé dans les textes d'Isée et de Démosthène, appelés ordinairement à son aide (1).

Aristodème réclamait la succession de Léocrate en se fondant sur ce qu'il était le plus proche parent du défunt. Il est vrai que le père de Léocrate, Léostrate, avait survécu à son fils. Mais, usant d'un droit que lui reconnaissait la loi athénienne, Léostrate était sorti de la famille adoptive à laquelle il appartenait et y avait laissé son fils Léocrate, le *de cujus*. Il n'y avait donc plus de parenté civile, il n'y avait qu'une parenté naturelle entre le fils et le père ; et cependant le père élevait des prétentions à la succession de son fils. Aristodème, qui se serait incliné devant les droits de Léostrate, si les liens de parenté civile n'avaient pas été rompus, était, aux yeux de la loi positive, le plus proche parent, et voilà pourquoi il réclamait l'hérédité, malgré l'existence du père : Ὁ πατὴρ ἐκπεπληρωκὼς εἰς τοὺς Ἐλευσινίους οὐκέτι τὴν κατὰ τὸν νόμον ἀγχιστείαν ἔλιπεν αὐτῷ (2). Plus loin, dans le même discours, l'orateur se plaint de ce que Léostrate, le père du défunt, a voulu lui enlever la succession de Léocrate. Quel titre Léostrate avait-il pour agir ainsi ? Le titre de père du défunt ? Ὅτι νὴ Δία πατὴρ ἦν τοῦ τελευτήσαντος. Mais cette

(1) Tel n'est pas l'avis de M. Grasshoff, *loc. cit.*, p. 47 : « Nihil certi de patris successione ex hac oratione adversus Leocharem concludi potest. »

(2) Démosthène, *C. Leocharem*, § 26, Reiske, p. 1088.

qualité, décisive, si Léostrate fût resté dans la famille adoptive, était maintenant sans valeur d'après le droit civil; car Léostrate, rentré dans sa famille d'origine, n'avait plus aucun droit dans la famille adoptive à laquelle appartenait son fils (1).

Le père n'était donc repoussé, dans ce cas, que parce qu'il n'y avait plus de parenté civile entre lui et son fils. Si la parenté avait continué d'exister, Aristodème aurait dû s'incliner devant lui. Le droit de successibilité au profit du père ne résulte-t-il pas clairement des raisons mêmes par lesquelles, en fait, l'orateur cherche à l'éloigner (2) ?

V. — Pour écarter le père de la succession de ses enfants, on a invoqué un argument, que nous ne devons pas passer sous silence, bien qu'il ne nous semble pas concluant. Les ascendants, a-t-on dit, ne peuvent pas succéder. Car il est raisonnable d'admettre que la succession soit toujours déférée de la même manière, qu'il y ait une fille héritière

____

(1) Démosthène, *eod. loc.*, § 33, Reiske, p. 1090.

(2) Pour démontrer le droit du père, M. Charles Giraud, *Revue de législation*, t. XVI, p. 119, dit: « Nous ajoutons une preuve qui à nos yeux est décisive, c'est l'autorité de Platon. Tous ceux qui ont comparé les théories de Platon avec les traditions des lois attiques savent que le philosophe a présenté au peuple athénien, sous la forme d'une utopie, les lois elles-mêmes qui le gouvernaient depuis plusieurs siècles en matière de succession. » Nous avons eu le regret de ne pas retrouver le passage de Platon que M. Giraud avait en vue lorsqu'il a écrit ces lignes.

ou qu'il n'y en ait pas (1), la seule différence étant que, dans le premier cas, le plus proche parent recueille l'hérédité indirectement en épousant la fille, tandis que, dans le second cas, il recueille directement. En fait, le résultat est le même, et il doit exister dans les deux cas. Or, il est certain que, si le *de cujus* laissait une fille, l'ascendant ne pouvait pas l'épouser, les mariages entre parents dans la ligne directe ayant toujours été prohibés. L'hérédité était donc recueillie par le collatéral qui devenait l'époux de la fille. Ainsi, lorsque la ligne directe descendante était représentée par une fille héritière, un collatéral excluait l'ascendant. Comment ne l'aurait-il pas exclu, à plus forte raison, quand cette ligne directe descendante n'avait pas de représentants ?

Cette argumentation repose sur des bases inexactes. Nous ne nous arrêterons pas à soutenir qu'il est possible parfois, en suivant une voie détournée, d'arriver à un but que l'on ne pourrait pas atteindre directement, ce qui cependant nous paraît très-certain. Nous voulons seulement faire remarquer que les partisans de la doctrine que nous venons d'exposer adoptent, comme point de départ, une proposition manifestement erronée. Ils affirment que le plus proche parent collatéral, en épousant la fille héritière, devenait l'héritier du *de cujus*. Mais le mari de l'ἐπίκληρος n'avait que l'administration et la jouissance de la succession. Le véri-

(1) Meier et Schœmann, *Attische Process*, p. xxi.

table héritier n'était ni la fille ni son mari : c'était l'enfant à naître du mariage, cet enfant à qui l'on devait restituer, dès qu'il aurait atteint sa majorité, tous les biens de son aïeul maternel : Ἐὰν ἐξ ἐπικλήρου τις γένηται καὶ ἅμα ἡβήσῃ ἐπὶ διετές, κρατεῖν τῶν χρημάτων (1). « Le plus proche parent, dit Isée, a bien le droit d'épouser la fille héritière ; mais il ne devient pas le maitre de la fortune (κύριος τῶν χρημάτων) ; les propriétaires sont les enfants nés du mariage du plus proche parent et de l'ἐπίκληρος, quand une fois ils sont majeurs (2). »

La succession est donc encore déférée dans la ligne directe descendante. Ce n'est pas un collatéral qui exclut l'ascendant du défunt ; c'est le fils de la fille du *de cujus*, le θυγατριδοῦς. On lui donne un nom particulier, au lieu de l'appeler simplement PETIT-FILS, pour bien marquer qu'il recueille par l'entremise de sa mère. Il y a, en effet, un intervalle entre lui et le défunt, et, pendant cet intervalle, les biens héréditaires reposent pour la propriété sur la tête de la femme, et pour l'administration seulement sur la tête du mari. Il n'est donc pas exact de dire que le mari de l'ἐπίκληρος était le successible du *de cujus*, et, par suite, l'argument, d'ailleurs très-contestable, doit être entièrement rejeté.

Nous admettons donc le père au nombre des héritiers.

(1) Démosthène, *C. Stephanum*, II, § 20, Reiske, p. 1135.
(2) Isée, *De Cironis hereditate*, § 31, Didot, p. 295. Voir encore *De Aristarchi hereditate*, § 12, Didot, p. 307.

§ 2.

Mais succédait-il seul, immédiatement après les descendants et avant tous les collatéraux (1)? Venait-il en concours avec les frères et sœurs ou descendants d'eux? Était-il obligé de laisser passer avant lui tous les collatéraux du premier degré (2)? Devait-il même entrer en partage avec des collatéraux plus éloignés, tels que les oncles du défunt? Nous ne connaissons aucun texte qui nous permette de résoudre avec certitude cette difficulté. La variété des solutions que nous venons d'énumérer suffirait pour prouver que les orateurs sont muets, et que chaque historien du droit attique obéit, en présentant une solution, à des impressions personnelles.

Tous ceux qui trouvent dans le discours d'Isée sur la succession de Philoctémon la preuve que le père était successible, et qui croient qu'Euctémon avait recueilli la succession de son fils, sont autorisés à conclure, du même discours, que le père passait avant les sœurs, et probablement aussi avant les frères. Car, Philoctémon ayant laissé des sœurs, celles-ci auraient été exclues par leur père. Mais nous n'avons pas dissimulé les raisons qui s'opposent à ce qu'on argumente de ce discours pour établir le droit successoral du père, et ces

(1) Bunsen, *De jure hereditario Atheniensium*, p. 39.
(2) Schneider, *De jure hereditario Atheniensium*, p. 21.

cbjections s'appliquent également à la conclusion subsidiaire qu'on serait tenté d'en tirer.

Nous en dirons autant de la loi des successions. Ceux qui l'interprètent en ce sens que les frères du *de cujus* partagent entre eux τὴν τοῦ πατρὸς μοῖραν, c'est-à-dire la part que le père du défunt aurait recueillie s'il eût été encore vivant, doivent décider que le père passait avant les frères. Mais nous avons aussi repoussé cette interprétation.

Le seul texte qui nous ait paru se rapporter véritablement à notre sujet ne peut pas nous être utile; car il suppose une lutte engagée entre le père du défunt, un père qui n'était plus successible d'après la loi civile, et un collatéral au cinquième degré, un ἀδελφοῦ παῖς (1).

Nous sommes enclin à croire que le père était préféré aux collatéraux. Dans le trajet qu'il faut faire sur un tableau généalogique pour aller d'un collatéral à un autre, d'un frère à un frère par exemple, on rencontre toujours l'auteur commun. Il est donc plus rapproché du défunt que le col-

---

(1) Pour bien comprendre le discours contre Léocharès, il ne faut pas perdre de vue le tableau généalogique suivant :

Euthymaque,

1° Midylide, qui épouse Mné-simaque ;	1° Archias, qui adopte
2° Clitomaque, qui épouse Aristote ;	2° Léocrate I, remplacé d'abord par Léostrate, puis par Léocrate II, *de cujus* ; celui-ci est, par conséquent, *omissis mediis*, fils adoptif d'Archias.
3° Aristodème, le plaideur, représenté par son fils.	

latéral, quel qu'il soit, qui prétendrait l'exclure (1).
Il ne faut pas oublier d'ailleurs que les anciens
professaient un véritable culte pour leurs parents ;
ils savaient que les dieux témoignent une faveur
spéciale au fils qui honore son père. N'était-ce pas
tenir compte des intentions probables d'un fils qui
mourait sans descendants que de donner sa succession à celui que Platon appelait la statue vivante
des ancêtres, τὸ προγόνων βρημα (2) ?

M. Schneider, un de ceux qui n'accordent de
rang au père qu'après les frères et sœurs et descendants d'eux, se demande s'il ne faut pas même
le mettre sur la même ligne que ses propres frères,
les oncles du *de cujus.* Il répond que ce concours
serait injuste. On ne peut pas, dit-il, obliger le
père à partager avec ses frères des biens qu'il avait
donnés à son fils, et qui lui font retour par le
prédécès de celui-ci. Il ajoute que les oncles du
défunt retrouveront un jour dans la succession du
père, leur frère, les biens que celui-ci aura recueillis
dans la succession de son fils (3). — Mais ces raisons
se retournent contre M. Schneider. La doctrine,
qui ferait concourir les frères et sœurs du *de cujus*
avec le père, ne serait-elle pas injuste ? « Iniquum
mihi videtur patrem, adhuc vivum, rem suam,

(1) M. Grasshoff, *loc. cit.,* p. 57, s'appuie sur ce raisonnement pour déclarer *multo probabilior* l'opinion que nous
défendons : « Nam, dit-il, eum qui inter defunctum et alium
melius est, par esse puto huic antecedere. »
(2) *Leges,* XI, Didot, p. 475, 2.
(3) *De jure hereditario Atheniensium,* p. 22.

quam ipse filio tradiderat, et quæ nunc hujus morte
ad ipsum regreditur, cum fratribus *defuncti* divi-
dere coactum fuisse. » Ne serait-il pas plus inique
encore d'attribuer la totalité aux frères du défunt?
Les frères retrouveront plus tard, dans la succession
de leur père, les biens que celui-ci aura recueillis
dans l'hérédité de leur frère.

Nous n'avons parlé jusqu'ici que du père. Nous
parlerons plus tard de la mère, lorsque nous ren-
contrerons, à défaut de successibles dans la ligne
paternelle, les parents maternels, οἱ πρὸς μητρὸς τοῦ
τελευτήσαντος (1). Quant aux autres ascendants, les
textes gardent le silence, et nous sommes réduits à
de simples conjectures.

(1) Isée, *De Hagniæ hereditate*, § 2, Didot, p. 309.

SECTION TROISIÈME.

LES COLLATÉRAUX PATERNELS.

SOMMAIRE. — § 1. La loi appelle d'abord les descendants du père du défunt, frères, sœurs, neveux, nièces, etc. — § 2. Entre ces parents, la représentation est admise à l'infini. — § 3. Les frères sont préférés aux sœurs, les neveux aux nièces, etc. — § 4. Le partage a lieu également, *per stirpes.* — § 5. La loi appelle ensuite les descendants de l'aïeul paternel du défunt, oncles, tantes, cousins germains, etc. — § 6. La vocation héréditaire ne s'étend pas aux descendants du bisaïeul paternel du défunt.

§ 1.

LE troisième ordre de successibles était composé de tous les parents collatéraux qui se rattachaient au père du défunt par un lien direct de descendance : d'abord les frères germains et consanguins du défunt et leur postérité ; à leur défaut, au second rang, les sœurs germaines et consanguines et leur postérité.

La loi de succession, telle que nous la trouvons dans le discours de Démosthène contre Macartatos, dit seulement : Ἐὰν μὲν ἀδελφοὶ ὦσιν ὁμοπάτορες· καὶ ἐὰν παῖδες ἐξ ἀδελφῶν γνήσιοι, τὴν τοῦ πατρὸς μοῖραν λαγχάνειν· ἐὰν δὲ μὴ ἀδελφοὶ ὦσιν ἢ ἀδελφῶν παῖδες, τοὺς ἐξ αὐτῶν κατὰ ταὐτὰ λαγχάνειν· κρατεῖν δὲ τοὺς ἄρρενας καὶ τοὺς ἐκ τῶν ἀρρένων (1). Elle ne parle pas textuellement des sœurs. Aussi les uns, comme Bunsen (2) et Meier (3), ont proposé de substituer aux mots τοὺς ἐξ αὐτῶν ceux-ci : ἀδελφὰς καὶ παῖδας ἐξ αὐτῶν... D'autres, comme Schelling (4), ont fait remarquer que les frères et les sœurs avaient pu être compris sous le nom générique d' ἀδελφοί, opinion que favorise la déclaration d'Isée que la loi de succession était rédigée d'une façon très-concise (5). Quoi qu'il

(1) Démosthène, *C. Macartatum*, § 51, Reiske, p. 1067.— Nous avons déjà dit, page 14, note 1, que cette loi a été pendant longtemps regardée comme apocryphe, mais que M. Buermann a récemment essayé d'en démontrer l'authenticité. Un juge excellent, M. Blass, vient de déclarer, dans le *Jahresbericht für Alterthums-Wissenschaft*, 1877, I, p. 287, qu'il adhère à l'opinion de M. Buermann, tout en faisant des réserves contre plusieurs des arguments dont ce dernier a fait usage.

(2) *De jure hereditario Atheniensium*, p. 29, note 65.

(3) *Opuscula academica*, t. I, p. 237. — La correction de Meier et de Bunsen est adoptée par Buermann, *Das attische Intestaterbfolgegesetz*, p. 355 et suiv.

(4) *De Solonis legibus*, p. 115.

(5) Isée, *De Hagniæ hereditate*, § 3, Didot, p. 309. — M. Buermann, *Das attische Intestaterbfolgegesetz*, p. 355, élève toutefois contre l'opinion de M. Schelling une objection assez sérieuse. Les mots τὴν τοῦ πατρὸς μοῖραν λαγχάνειν

,en soit, il est certain que les sœurs et leur postérité, à défaut de frères et de neveux fils de frères,
recueillaient la succession du défunt et excluaient
les autres collatéraux.

Ce droit leur est reconnu par un texte très-
important d'Isée, que nous allons traduire : Dans
la ligne collatérale, « la loi attribue d'abord l'hérédité aux frères et aux neveux consanguins du
défunt. Lorsque ces parents font défaut, elle appelle
au second rang les sœurs consanguines et leurs
enfants. Si le second rang fait également défaut,
elle place en troisième ligne les cousins du côté
paternel et les enfants des cousins. Lorsque ce
troisième ordre de successeurs n'a pas lui-même de
représentants, la loi remonte alors vers le défunt,
et attribue la succession aux parents du côté maternel, en observant les règles que nous venons
d'exposer pour les parents du côté paternel (1). »

Ainsi, d'après ce texte, les sœurs consanguines
et leurs enfants venaient au second rang dans la
ligne collatérale : Ὁ νόμος δευτέρων ἀδελφὰς ὁμοπατρίας
καλεῖ καὶ παῖδας τοὺς ἐκ τούτων (2).

prouvent, dit-il, que la loi n'avait en vue que les *frères* et
les *fils de frères*. Car, si elle avait eu aussi en vue les *sœurs*
et les *fils de sœurs*, elle n'aurait pas pu dire de ces derniers
qu'ils prendront τὴν τοῦ πατρὸς μοῖραν ; c'est la part de leur
mère, sœur du défunt, et non pas celle de leur *père*, qu'ils
recueilleront.

(1) Isée, *De Hagniæ hereditate*, §§ 1-2, Didot, p. 309.

(2) Un autre texte d'Isée, *De Pyrrhi hereditate*, § 71,
Didot, p. 259, n'est pas moins décisif : « Le défunt, dit

§ 2.

Dans ce troisième ordre de successibles, la représentation était admise. Lorsqu'une personne mourait laissant un frère et un neveu né d'un autre frère prédécédé, la succession se partageait également ment entre le frère et le neveu.

Nous avons un texte de loi qui consacre formellement le droit de représentation au profit des neveux : Ἔστι δὲ νόμος ὅς, ἐὰν ἀδελφὸς ὁμοπάτωρ ἄπαις τελευτήσῃ καὶ μὴ διαθέμενος, τήν τε ἀδελφὴν ὁμοίως, καὶ τὸν ἐξ ἑτέρας ἀδελφῆς ἢ γεγονώς, ἰσομοίρους τῶν χρημάτων καθίστησι (1). Cette loi prévoit le cas où un homme est mort, laissant une sœur et un neveu né d'une autre sœur prédécédée, et elle nous dit que la sœur, parente au deuxième degré, n'exclura pas le neveu, parent au troisième ; ils viendront en concurrence et se partageront également la succession du défunt. Les motifs qui avaient fait admettre cette solution s'appliquaient au cas où le *de cujus*, au lieu de sœurs, laissait des frères, et nous ne devons pas hésiter à la généraliser.

On pourrait être tenté d'en trouver la preuve dans ce fait que la succession de Mnéson fut partagée

l'orateur, n'a pas laissé d'enfants légitimes ; il n'a pas non plus de frères, ni de neveux fils de frères ; par conséquent, il ne peut pas y avoir de parents plus rapprochés que nous qui sommes les enfants de sa sœur. »

(1) Isée, *De Apollodori hereditate*, § 19, Didot, p. 287.

entre son frère Eupolis et son neveu Apollodore, fils d'un autre frère nommé Thrasylle (1). Mais l'orateur ne dit pas que Thrasylle fût mort avant Mnéson ; il dit seulement que ces deux frères moururent vers la même époque, περὶ τὸν αὐτὸν χρόνον. Si Thrasylle avait, ce qui est possible, survécu à Mnéson, l'exemple devrait être écarté ; car le droit à la succession se serait alors ouvert sur la tête de Thrasylle, et Apollodore l'aurait trouvé dans les biens de son père.

Ce droit de représentation était-il limité aux fils des frères prédécédés ? Les petits-neveux, lorsque leur père et leur grand-père étaient morts, pouvaient-ils être admis à prendre leur place et à partager la succession de leur grand-oncle avec les frères et les neveux de celui-ci ?

Quelques auteurs paraissent refuser, dans ce cas, tout droit aux petits-neveux ; ils ne les appellent à la succession que lorsqu'il n'y a ni frères ni neveux du défunt. On pourrait faire remarquer dans ce sens que la loi de succession, telle que nous la trouvons dans les manuscrits de Démosthène, exige qu'il n'y ait ni frères ni neveux, pour que les petits-neveux puissent succéder : Ἐὰν δὲ μὴ ἀδελφοὶ ὦσιν ἢ ἀδελφῶν παῖδες, τοὺς ἐξ αὐτῶν κατὰ ταὐτὰ λαγχάνειν (2). Aussi, M. Mayer, dans sa classification des héritiers, établit deux catégories distinctes, l'une, la troisième, qui comprend les frères et les

----

(1) Isée, *eod. loc.*, §§ 6-7, Didot, p. 284.
(2) Démosthène, *C. Macartatum*, § 51, Reiske, p. 1067.

neveux du côté paternel, l'autre, la quatrième, qui comprend les descendants des neveux du côté paternel (1).

Mais, comme nous l'avons dit, beaucoup de philologues sont d'avis que cette partie de la loi de succession avait en vue les sœurs du défunt, et ils la complètent en lisant : Ἐὰν δὲ μὴ ἀδελφοὶ ὦσιν ἢ ἀδελφῶν παῖδες, ἀδελφὰς ὁμοπατρίας καὶ τοὺς ἐξ αὐτῶν κατὰ ταὐτὰ λαγχάνειν (2). Le texte est alors en harmonie avec le commentaire d'Isée (3) et l'objection disparaît. Elle disparaîtrait également si on admettait que l'omission du copiste a porté sur les ἀνεψιοί et si on rectifiait ainsi la loi : Ἐὰν δὲ μὴ ἀδελφοὶ ὦσιν ἢ ἀδελφῶν παῖδες, ἀνεψιοὺς καὶ τοὺς ἐξ αὐτῶν κατὰ ταὐτὰ λαγχάνειν.

Aussi, d'autres savants, plus rigoureux encore pour les petits-neveux, non-seulement leur refusent le droit de partager l'hérédité avec leurs oncles ou leurs grands-oncles, mais encore leur dénient tout droit de succession et les excluent au profit des cousins du défunt (4).

En conservant sans modification le texte de la loi, on pourrait l'interpréter ainsi : Lorsqu'il n'y aura ni frères ni neveux, leurs descendants auront

(1) *Das Recht der Athener*, t. II, p. 418. Cependant le même auteur, p. 470, met sur la même ligne « die Bruder von Vaterseite, deren Kinder und Kindeskinder. »

(2) Bunsen, *De jure hereditario Atheniensium*, p. 29, note 65.

(3) Isée, *De Hagniæ hereditate*, § 2, Didot, p. 309.

(4) Bunsen, *loc. cit.*, p. 39-40 ; Schelling, *De Solonis legibus*, p. 116.

des droits identiques à ceux de leurs auteurs et les représenteront. On arriverait au même résultat en adoptant l'une ou l'autre des corrections proposées. Il est vrai, dans ce dernier cas, que la première partie de la loi appellerait seulement à la succession les ἀδελφοὶ ὁμοπάτορες καὶ παῖδες ἐξ ἀδελφῶν γνήσιοι. Mais le législateur athénien, sous le nom de παῖδες, comme le jurisconsulte romain sous les noms de *filii* et de *liberi*, a dû comprendre les descendants à tous les degrés : « Filii appellatione, omnes liberos intelligimus (1)... » « Liberorum appellatione, nepotes et pronepotes, ceterique qui ex his descendunt continentur (2). » Le droit de succéder appartenait donc concurremment aux frères, aux fils de frères, aux petits-fils, aux arrière-petits-fils, καὶ ἐὰν γένει ἀπωτέρω. La même remarque peut s'appliquer au mot ἀδελφιδοῦς employé par Isée : ὁ νόμος περὶ ἀδελφοῦ χρημάτων πρώτων ἀδελφοῖς τε καὶ ἀδελφιδοῖς πεποίηκε τὴν κληρονομίαν (3). Le mot ἀδελφιδοῦς, dans la pensée de l'orateur, est une expression générique qui comprend les neveux et les petits-neveux.

Nous croyons donc que la représentation était admise à l'infini (4). Ce qui nous confirme dans cette croyance, c'est qu'Isée attribue formellement

---

(1) L. 84, D., *De verborum significatione*, 5o, 16.

(2) L. 220, *pr.*, D., *eod. tit.*

(3) Isée, *De Hagniæ hereditate*, § 1, Didot, p. 3o9.

(4) Hermann, *Privatalterthümer*, 2ᵉ édit., § 64, note 12 : « Il n'y a aucune raison pour donner un sens restrictif au mot παῖδες. » Cf. Schneider, *De jure hereditario Atheniensium*, p. 19.

le second rang dans la ligne collatérale aux sœurs consanguines : ὁ νόμος δεύτερον ἀδελφὰς ὁμοπατρίας καλεῖ, tandis que, d'après le système de M. Mayer, elles ne devraient venir qu'au troisième rang, le premier rang étant occupé par les frères et les neveux du défunt, le second par ses petits-neveux et ses arrière-petits-neveux.

§ 3.

Nous avons vu que, dans la ligne directe, les fils et leur postérité étaient préférés aux filles ; de même, dans la ligne collatérale, les sœurs étaient exclues par les frères et par les neveux fils de frères. On appliquait donc la règle Κρατεῖν τοὺς ἄρρενας καὶ τοὺς ἐκ τῶν ἀρρένων, règle dont nous avons déjà proclamé la généralité (1).

I. — Il semble pourtant résulter d'un passage d'Isée que le principe de la préférence accordée aux mâles et aux descendants par les mâles ne trouvait sa place que lorsqu'il s'agissait d'une succession échue à des ἀνεψιοί, c'est-à-dire à des cousins-germains ou à des parents plus éloignés. La règle n'aurait pas été appliquée pour les successions échues à des descendants ou pour les successions échues à des frères ou sœurs, ou à des descendants de frères ou sœurs (2). M. Schelling résume ainsi le

(1) Voir plus haut, p. 34, note 1.
(2) *De Apollodori hereditate*, § 20, Didot, p. 285.

texte de l'orateur : « Isæus principium de maribus ante feminas ad successionem vocandis non ad prolem, fratres sororesque defuncti, sed ad solos consobrinos et remotiores consobrinis pertinere affirmat (1). »

Si tel était vraiment le sens du passage d'Isée, il ne faudrait pas hésiter à le rejeter comme mensonger.

La généralité de la règle Κρατεῖν τοὺς ἄρρενας est d'abord conforme à l'idée, universellement admise par les anciens, d'une préférence due à la postérité masculine, parce que le culte domestique se transmettait de mâle en mâle. « Il y a, dit Démosthène, un principe que tout le monde reconnaît, ce principe que, parmi les successibles, la préférence doit appartenir aux mâles et aux descendants par les mâles : Ἐν μὲν οὖν ὁμολογεῖται τὸ κρατεῖν τῶν κληρονόμων τοὺς ἄρρενας καὶ τοὺς ἐκ τῶν ἀρρένων (2). » L'orateur ne fait aucune distinction entre les divers ordres d'héritiers.

C'est avec le même caractère de généralité que nous retrouvons ce principe dans la loi de succession insérée dans le discours contre Macartatos (3), loi dont quelques savants contestent l'authenticité, mais que M. Buermann a victorieusement défendue contre les critiques (4).

(1) *De Solonis legibus*, p. 122.
(2) *C. Leocharem*, § 12, Reiske, p. 1084.
(3) *C. Macartatum*, § 51, Reiske, p. 1067.
(4) *Das attische Intestaterbfolgegesetz* ; voir notamment les p. 365 et suiv.

Qui pourrait d'ailleurs, en face de tous les textes que nous avons cités ou que nous citerons bientôt, nier que les fils passaient avant les filles, les descendants des fils avant les descendants des filles, les frères avant les sœurs, les descendants des frères avant les descendants des sœurs, etc.? Les témoignages abondent pour démontrer la préférence accordée à la parenté masculine et pour prouver que la règle Κρατεῖν τοὺς ἄρρενας καὶ τοὺς ἐκ τῶν ἀρρένων doit être appliquée à tous les cas (1).

Aussi les interprètes du droit attique n'ont pas été arrêtés par l'objection déduite du discours d'Isée contre Apollodore, et ils sont unanimes pour dire que les frères passaient avant les sœurs. Un texte ambigu (2) ne peut pas prévaloir contre les déclarations si nettes que nous trouvons dans d'autres discours du même orateur : « La loi, lorsqu'il s'agit de la succession d'un frère, attribue avant tout (πρῶτον) l'hérédité aux frères et aux neveux fils de frères; ce sont les parents les plus rapprochés du défunt. Lorsqu'ils font défaut, ἐὰν δ' οὗτοι μὴ ὦσι, le législateur appelle au second rang (δευτέρων) les sœurs et leurs enfants (3). » L'hésitation n'est pas possible (4).

(1) Voir encore Isée, *De Hagniæ hereditate*, § 17, Didot, p. 312 ; Démosthène, *C. Macartatum*, § 78, Reiske, p. 1077 ; *C. Leocharem*, § 62, Reiske, p. 1099. Dans tous ces passages des orateurs, la règle Κρατεῖν τοὺς ἄρρενας est présentée sans restriction.

(2) Voir *suprà*, ch. I, sect. 1, § 2.

(3) Isée, *De Hagniæ hereditate*, §§ 1-2, Didot, p. 309.

(4) Schneider, *De jure hereditario Atheniensium*, p. 19.

II. — Lorsque des neveux et des nièces étaient en concurrence, les neveux étaient également préférés aux nièces.

On serait encore tenté de donner une solution différente en se fondant sur deux passages d'un discours d'Isée. Dans l'un, l'orateur nous dit qu'une fille de Céphisophon avait succédé pour partie à son oncle Dicæogène (1); dans l'autre, il nous apprend que cette femme avait un frère, qui était par conséquent neveu de Dicæogène, et qui, lui aussi, avait hérité de son oncle (2). Le neveu et la nièce auraient donc succédé concurremment.

L'objection ne nous arrêtera pas longtemps ; nous croyons avoir suffisamment établi que, lorsque des successibles du même ordre (3) se présentaient pour recueillir l'hérédité, les parents mâles et la postérité masculine obtenaient la préférence sur les femmes et leurs descendants. La règle Κρατεῖν τοὺς ἄρρενας καὶ τοὺς ἐκ τῶν ἀρρένων (τῶν θηλειῶν καὶ τῶν ἐκ τῶν θηλειῶν) (4) était une règle générale qu'il faut toujours appliquer, quelles que soient d'ailleurs les objections que fournissent les plaidoyers (5).

(1) Isée, *De Dicæogenis hereditate*, § 9. Didot, p. 267.

(2) Isée, *eod. loc.*, § 12, Didot, p. 267.

(3) Voir *suprà*, ch. I, sect. 1, § 1, 3°.

(4) Démosthène, *C. Macartatum*, § 51, Reiske, p. 1067 ; Isée, *De Apollodori hereditate*, § 20, Didot, p. 286.

(5) Voir Schelling, *De Solonis legibus*, p. 119 ; voir aussi *infrà*, § 4. — M. Buermann, *Das attische Intestaterbfolge-gesetz*, p. 357 et suiv., fait disparaître l'objection tirée des §§ 9 et 12 du discours *De Dicæogenis hereditate*, en voyant

III. — La loi, après avoir établi le privilége de masculinité, ajoute immédiatement ces mots, qui ont donné lieu à bien des controverses : Ἐὰν ἐκ τῶν αὐτῶν ὦσι, καὶ ἐὰν γένει ἀπωτέρω (1). Ces mots veulent-ils dire que le droit de préférence des hommes sur les femmes était subordonné à certaines conditions, en l'absence desquelles hommes et femmes succédaient également? Telle est l'opinion de Reiske et de M. Schœmann, bien que ces savants ne s'accordent pas entre eux sur l'espèce de condition requise.

Pour Reiske, la préférence existe τὴν ἄλλως ἐκ τῶν αὐτῶν ὅτι ἐξ ὧν αἱ θήλειαι, c'est-à-dire que les hommes passent avant les femmes, lorsqu'ils ont les mêmes ascendants que ces FEMMES (2). — Pour M. Schœmann, il y a préférence τὴν ἐκ τῶν αὐτῶν ἄλλως ὅτι ἐξ ὧν ὁ τελευτήσας, c'est-à-dire que les

dans la femme du § 9. non pas la fille de Céphisophon, mais sa femme, non pas la nièce de Dicæogène II, mais sa sœur, et en lisant : τὴν Κηφισοφῶντος γυναῖκα (au lieu de θυγατέρα), .. βελτίω (au lieu de βελτίονι) εἶναι Δικαιογένους. M. Bier-mann ne craint pas que cette solution de la difficulté paraisse violente, *gewaltsam*. Il nous semble pourtant que, si l'on suivait son exemple, on arriverait aisément à trancher la plupart des controverses.

(1) Démosthène, *C. Macartatum*, § 51, Reiske, p. 1067.

(2) *Oratores attici*, t. VII, p. 173. — Reiske propose deux traductions différentes : 1° *Loc. cit.* : « Si parentes posteritatis masculinæ iidem sunt cum parentibus posteritatis a fœmellis descendentis »; — 2° *Apparatus ad Demosthenem*, t. III, p. 1460 : « Si sint ex eodem patre et ex eadem matre (quo excluduntur fratres a diversis matribus). »

hommes passent avant les femmes, lorsqu'ils ont
les mêmes ascendants, masculins et féminins, que
LE DÉFUNT; ils viennent en concours avec les femmes,
quand celles-ci ont avec le défunt une entière communauté d'origine, tandis que les hommes ne se
rattachent à lui que par quelques-uns des ascendants (1). — Mais aussi, lorsque la condition requise
pour l'existence du droit de préférence sera remplie,
il pourra être exercé, non-seulement quand l'homme
sera au même degré que la femme, mais encore
quand la femme sera plus rapprochée, l'homme plus
éloigné du défunt, καὶ ἐὰν γίνει ἀνωτέρω.

Ces solutions sont complètement arbitraires et
les textes ne semblent pas leur être favorables. —
Pour que les frères du défunt passent avant ses
sœurs, faut-il, comme le voudrait la doctrine de
M. Schœmann, que frères et sœurs aient le même
père et la même mère que le défunt? Non, puisque
Isée donne formellement la préférence aux frères
consanguins (ἀδελφοὶ ὁμοπάτορες) sur les sœurs consanguines (ἀδελφαὶ ὁμοπάτριαι) (2). — Le même texte
suffit pour réfuter la doctrine de Reiske; car il
montre qu'il n'est pas nécessaire, pour que des
frères excluent leurs sœurs, que ces sœurs soient
des sœurs germaines. L'exclusion a lieu lors même
qu'elles seraient des sœurs consanguines. Et pour-

(1) *Ad Isæum*, p. 366 : « Viri mulieribus tum demum
præferantur si ab eodem atque defunctus mare ac femina ori-
ginem ducant; sin a diversis viri, ab iisdem mulieres, tunc
his illi ne præferantur. »

(2) Isée, *De Hagniæ hereditate*, §§ 1-2, Didot, p. 309.

tant les frères consanguins et les sœurs consanguines
n'ont pas les mêmes ascendants.

Si ces objections sont péremptoires pour les frères
et sœurs, comment ne vaudraient-elles pas également-
ment pour les autres degrés de parenté? Aussi, que
le défunt laisse pour successibles un cousin-germain
(ἀνεψιός) et une cousine-germaine, frère et sœur, le
cousin-germain sera préféré à sa sœur, non-seulement lorsqu'il aura le même aïeul et la même aïeule
que le défunt, mais encore lorsqu'il aura le même
aïeul, sans avoir la même aïeule. — Il est inutile
de multiplier les exemples.

Beaucoup d'autres explications des mots ἐν ἐκ
τῶν αὐτῶν ὦσι ont été proposées (1); mais il n'est pas
toujours aisé d'en bien déterminer la portée.

Nous croyons que, pour rendre acceptable et
intelligible le texte de la loi citée par Démosthène,
il faut y introduire une correction légère, empruntée
à l'orateur Isée, tel que la plupart des manuscrits
nous l'ont conservé. Voici en quels termes cet
orateur reproduit le document qui nous occupe :
Κρατεῖν δὲ τοὺς ἄρρενας καὶ τοὺς ἐκ τῶν ἀρρένων, εἰ ἐν ἐκ
τούτων (au lieu ἐκ τῶν αὐτῶν) ὦσι κἂν γένει ἀπωτέρω
τυγχάνωσιν ὄντες (2). Ce dernier texte n'est pas moins

(1) Voir notamment M. Grasshoff, *De successione ab intestato*, p. 64, qui traduit ainsi : « Præferri vires virisque
prognatos (feminis iisque qui a feminis descendunt) si ex
iisdem sunt (e quibus feminæ et qui a feminis descendunt),
etiamsi propinquitate sint remotiores (quam feminæ et qui
a feminis descendunt). »

(2) Isée, *De Apollodori hereditate*, § 20, éd. Scheibe, p. xxxiii.

digne de foi que le texte de Démosthène, et il a
l'avantage de se prêter à l'explication bien simple
que voici : « Les hommes et les descendants des
hommes seront préférés aux femmes, lorsqu'ils appartiendront à l'une des parentés qui viennent
d'être indiquées. La même règle s'appliquera aux
successibles des parentés plus éloignées (1). » En
d'autres termes, le privilége de masculinité existera,
que la succession soit déférée à des frères, à des
descendants de frères, à des cousins, à des descendants de cousins, et même à des parents ἔξω τούτης
τῆς συγγενείας (2).

(1) Voir Schelling, *De Solonis legibus*, p. 122.

(2) Isée, *De Apollodori hereditate*, § 20, Didot, p. 286. —
Pour M. Buermann, *Das attische Intestaterbfolgegesetz*,
p. 369 et suiv., le texte d'Isée n'a aucune valeur. Isée est un
Rabulict, sciemment inexact ; il ne songe qu'à tromper les
juges et dénature volontairement le sens des lois. Sans examiner si ces reproches trouvent bien ici leur place (voir
Blass, *Jahresbericht für Alterthums-Wissenschaft*, 1877, I.
p. 287 et suiv.), nous nous bornerons à constater que
M. Buermann traduit la loi citée dans le Discours contre
Macartatos, de manière à ne contredire aucune de nos solutions : « Es sollen den Vorzug haben die Mænner und die
Nachkommen der Mænner, sowohl wenn sie (die Nachkommen) von diesen (den Mænnern) selbst immittelbar stammen,
als auch wenn sie ihnen entfernter verwandt (d. h. nur ihre
mittelbaren Descendenten) sind. » En d'autres termes, les
hommes et les descendants des hommes doivent être préférés ; pour les descendants, cette préférence leur appartient,
qu'ils soient descendants au premier degré ou à des degrés
plus éloignés.

§ 4.

Il faut admettre et l'on admet généralement que :

1° Lorsque tous les successibles étaient des frères, ils partageaient également les biens de leur frère ; la loi, qui n'avait pas accordé de faveur au premier-né des enfants (1), devait, pour être logique, refuser au frère aîné tout droit de primogéniture (2).

2° Lorsque le défunt laissait des frères et des neveux issus de frères encore vivants, les neveux étaient exclus par leurs pères : « Fratri cum ipsius filiis certamen esse non potest (3). »

3° Quand il y avait des frères et des neveux issus de frères prédécédés, les neveux, grâce à la faveur de la représentation, succédaient en même temps que leurs oncles ; mais ils ne pouvaient obtenir que la part qui eût été attribuée à leurs pères, si ceux-ci eussent survécu : τὴν τοῦ πατρὸς μοῖραν λαγχάνειν (4). La succession se divisait donc *per stirpes* et non *per capita* (5).

4° Enfin, lorsque tous les successibles étaient des neveux, on appliquait encore la règle de la représentation, et le partage avait lieu *per stirpes* (6).

---

(1) Voir ch. I, sect. 1, § 4 ; cf. Philippi, *Beitræge zu einer Geschichte des attischen Bürgerrechtes*, p. 193.

(2) Bunsen, *De jure hereditario Atheniensium*, p. 26.

(3) Bunsen, *loc. cit.*, p. 26.

(4) Démosthène, *C. Macartatum*, § 51, Reiske, p. 1067.

(5) Bunsen, *loc. cit.*, p. 26 ; Schneider, *De jure hereditario Atheniensium*, p. 19.

(6) Bunsen, *loc. cit.*, p. 28 ; Schneider, *loc. cit.*, p. 19.

Il semblerait naturel de généraliser ces quatre propositions et de les étendre au cas où, à défaut de frères consanguins et de descendants d'eux, la succession passait aux sœurs consanguines et à leur postérité.

Cependant d'excellents esprits se refusent à admettre une assimilation complète entre les deux situations. Ils veulent bien reconnaître que les sœurs partageaient également entre elles : « So-rores inter se pari jure fruantur (1). » Mais ils prétendent : 1° que les sœurs étaient obligées de subir le concours de leurs propres enfants : « Cum ipsa matre, liberi sororis dividunt heredi-tatem (2); » 2° que la succession échue à des sœurs et à des descendants de sœurs se partageait par têtes et non par souches : « Æquales omnes sibi partes postulant; per capita dividunt (3); » 3° que la division *per capita* était également appliquée à la succession recueillie par des neveux fils de sœurs : « Si sororum plurium liberi inter se de avunculi hereditate certent, per capita divident; æquales partes accipient (4). »

Pourquoi ces trois différences ? Elles dérivent toutes de cette idée singulière que le neveu doit être admis à succéder en concours avec sa mère; idée qui n'est pas complétement nouvelle pour nous. En étudiant le droit de succession dans la

---

(1) Bunsen, *loc. cit.*, p. 27.
(2) *Eod. loc.*
(3) *Eod. loc.*
(4) *Eod. loc.*, p. 28-29.

ligne directe descendante, nous avons dit qu'un
éminent auteur, M. Schœmann, admettait les petits-enfants à partager avec leurs mères la succession de leur aïeul maternel : « Liberi cum matribus
succedunt (1). » Cette opinion nous a paru alors
tout à fait invraisemblable. Nous allons maintenant
essayer de démontrer qu'elle est inexacte dans les
successions collatérales, et, si nous parvenons à le
faire, toutes les conséquences qui en découlent
devront être écartées; l'harmonie existera entre les
deux successions et l'on ne sera plus obligé de
distinguer entre les règles des successions dévolues
aux frères et les règles des successions dévolues aux
sœurs.

Les partisans de la doctrine que nous repoussons
invoquent plusieurs arguments.

1° La loi de succession, chez les Athéniens,
lorsqu'elle s'occupait des frères, appelait les frères
ou les enfants de frères, ἀδελφοὶ ἢ ἀδελφῶν παῖδες (2),
tandis que, lorsqu'il s'agissait des sœurs, elle
appelait les sœurs ET leurs enfants, ἀδελφαὶ ΚΑΙ
παῖδες ἐξ αὐτῶν (3). Les enfants de frères ne venaient donc à l'hérédité que subsidiairement, lorsque leurs parents étaient décédés; au contraire, les
enfants de sœurs étaient appelés concurremment
avec les sœurs (4). Cet argument, s'il était isolé,

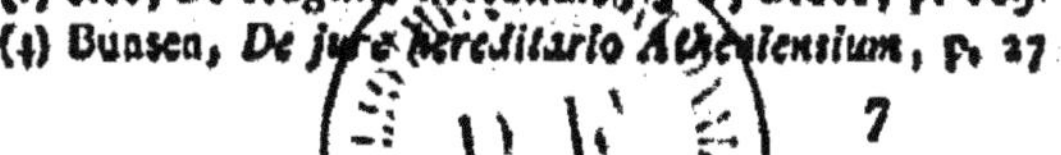

(1) Voir ch. I, sect. 1, § 9, *suprà*, p. 52.
(2) Démosthène, *C. Macartatum*, § 51, Reiske, p. 106-.
(3) Isée, *De Hagniæ hereditate*, § 2, Didot, p. 309.
(4) Bunsen, *De jure hereditario Atheniensium*, p. 27

pourrait paraître bien subtil; mais il est confirmé par les discours des orateurs.

2° Le plaidoyer sur la succession de Dicæogène, qui nous a été conservé dans le recueil des œuvres d'Isée, fut prononcé par Ménéxène, fils de Polycrate et d'une sœur de Dicæogène; sa mère vivait encore à l'époque du procès. Or, voici ce que dit Ménéxène : « Dicæogène a marié ma sœur (τὴν ἀδελφὴν τὴν ἐμαυτοῦ) à Protarchide, du dème de Potamos... Cette femme, que Protarchide a épousée, avait dans la succession des droits égaux à ceux de ma mère (1). » Ainsi, d'après l'orateur, la mère et la fille avaient recueilli conjointement une succession, et elles devaient obtenir des parts de même valeur (2).

3° Dans un autre passage du même discours, Ménéxène parle de ce qu'il a retiré personnellement de la succession de son oncle Dicæogène : « Ménéxène, fils de Céphisophon, notre cousin-germain à Céphisodote et à moi, pouvait réclamer dans l'hérédité une part égale à la mienne (μέρος ἴσον περ ἐμοί) (3). » La mère de Ménéxène vivait encore et avait elle-même succédé. Pour que Ménéxène pût parler de son propre lot, il fallait que la loi lui eût accordé la vocation héréditaire en même temps qu'elle la concédait à sa mère (4).

(1) Isée, *De Dicæogenis hereditate*, § 26, Didot, p. 270.
(2) Bunsen, *De jure hereditario Atheniensium*, p. 27 et 28.
(3) Isée, *De Dicæogenis hereditate*, § 12, Didot, p. 267.
(4) Bunsen, *De jure hereditario Atheniensium*, p. 27.

4° Le même plaideur nous apprend qu'une de ses tantes, mère de Céphisodote, et Céphisodote lui-même furent dépouillés de tout ce qu'ils avaient recueilli dans la succession de Dicæogène (1). La mère et le fils s'étaient donc présentés ensemble à la succession de Dicæogène.

5° Un dernier argument est emprunté au discours d'Isée sur la succession de Philoctémon. Philoctémon était mort laissant deux sœurs ; l'une, mariée à Chæréas, avait une fille ; l'autre, mariée à Phanostrate, avait deux fils. Si les sœurs eussent été seules successibles, la succession aurait dû être partagée en deux lots. Cependant l'orateur nous apprend qu'il y eut cinq parts différentes (2), ce qui implique que la nièce et les deux neveux succédèrent avec leurs mères (3).

N'est-on pas en droit de conclure que les sœurs concouraient avec leurs propres enfants, fils ou filles, et que le partage avait lieu entre eux tous *per capita*, tous ayant des parts égales ?

Cette argumentation ne nous a pas convaincu. Pour nous faire admettre, contrairement à toutes les analogies, que le degré le plus proche n'excluait pas le plus éloigné, lorsque celui-ci ne pouvait pas invoquer le bénéfice de la représentation ; pour nous décider à reconnaître en même temps que les ne-

(1) Isée, *De Dicæogenis hereditate*, § 9, Didot, p. 267.
(2) Isée, *De Philoctemonis hereditate*, § 46, Didot, p. 280.
(3) Bunsen, *De jure hereditario Atheniensium*, p. 28 et suiv.

veux et les nièces étaient mis sur la même ligne, malgré la règle formelle : Κρατεῖν τοὺς ἄῤῥενας καὶ τοὺς ἐκ τῶν ἀῤῥένων, il nous faudrait des raisons péremptoires, et telles ne sont pas celles que nous venons d'exposer.

1° Le premier argument n'est pas confirmé par l'ensemble des textes relatifs au droit de succession. Il y a, sans doute, des passages dans lesquels mention est faite des frères ou des descendants d'eux. Mais il y en a d'autres qui parlent des frères et de leurs enfants : Ὁ νόμος περὶ ἀδελφοῦ χρημάτων πρῶτον ἀδελφούς τε ΚΑΙ ἀδελφιδοῦς πεποίηκε τὴν κληρονομίαν (1). De même la loi, qui accorde la préférence aux hommes sur les femmes, dit : Κρατεῖν τοὺς ἄῤῥενας ΚΑΙ τοὺς ἐκ τῶν ἀῤῥένων. On ne peut donc pas se fonder sur les termes de la loi pour appliquer à la succession recueillie par des sœurs des règles autres que celles qui régissent la succession dévolue à des frères.

2° Le second argument repose sur une transcription inexacte du texte d'Isée. Dans le discours de cet orateur sur la succession de Dicæogène, on ne lit pas : τὴν ἀδελφὴν τὴν ἑαυτοῦ; on lit, ce qui est bien différent : τὴν ἀδελφὴν τὴν ἑαυτοῦ (2).—Il est vrai que cette leçon est généralement tenue pour vicieuse. Dicæogène III n'avait pas de sœur, et, lors même qu'il en aurait eu, les plaideurs se seraient bien gardés de reconnaître à cette femme des droits

(1) Isée, *De Hagniæ hereditate*, § 1, Didot, p. 309.
(2) Isée, *De Dicæogenis hereditate*, § 26, Didot, p. 270.

qu'ils contestaient à son frère. Il ne peut s'agir que
d'une sœur ou d'une nièce de Dicæogène II. —
Mais alors l'embarras commence. Les uns disent :
c'était la fille de Polyarate (τὴν ἀδελφὴν τὴν ἑαυτοῦ),
une sœur du plaideur (1). D'autres : c'était la fille
de Démoclès, une nièce du défunt (τὴν ἀδελφιδῆν τὴν
ἑαυτοῦ) (2). D'autres : c'était la fille de Théopompe,
la sœur de Céphisodote, un des personnages en
cause, τὴν τρίτην ἀδελφήν (3). — Pour que l'argument
de Bunsen fût exact, il faudrait adopter la première
opinion et dire qu'il s'agit d'une fille de Polyarate.
Mais on ne voit pas à quel titre Dicæogène aurait
marié une fille de Polyarate ; il n'aurait eu le droit
de le faire qu'en qualité de tuteur, et il paraît bien
résulter de l'ensemble du discours que Dicæogène
eut seulement la tutelle des enfants de Théopompe.
— Nous ne serions pas éloigné de croire qu'il ne
faut rien changer au texte et qu'il s'agit de la veuve
de Démoclès, par conséquent d'une sœur de Dicæogène II (4). Celui-ci, qui était son κύριος, l'avait

(1) Bunsen, *De jure hereditario Atheniensium*, p. 28, note.
(2) Scheibe, *Isæi orationes*, p. xxvii et 26.
(3) Schœmann, *Ad Isæum*, p. 289 ; cf. Isée, *De Dicæogenis
hereditate*, §§ 2, 12, etc.
(4) Ce qui prouve bien que la femme de Protarchide était
une sœur et non pas une nièce de Dicæogène II, c'est
que, d'après le § 27 du discours, elle avait bénéficié d'un
abandon des deux tiers de l'hérédité fait par Dicæogène III,
et que, d'après le § 18, cet abandon des deux tiers avait été
fait aux sœurs de Dicæogène II. — M. Buermann, *Das
attische Intestaterbfolgegesetz*, p. 339, tout en déclarant impossible le maintien dans le texte des mots τὴν ἀδελφὴν τὴν

mariée, en secondes noces, à Protarchide. Dès lors, il n'est pas étonnant qu'elle eût des droits égaux à ceux de sa sœur, la femme de Polyarate et la mère du plaideur. Le passage en litige se trouve ainsi rationnellement interprété, sans faire violence au texte, et il ne peut plus nous être opposé par nos adversaires.

3° Le troisième et le quatrième argument ne sont pas plus probants. L'orateur, lorsqu'il parle du profit qu'il a retiré de la succession de son oncle, ne veut pas dire qu'il eût personnellement recueilli l'hérédité. Il fait allusion au lot qui a été dévolu à sa mère, lot qu'il a mission d'administrer en qualité de κύριος, et dont, par anticipation, il se croit déjà plein et entier propriétaire. La même explication peut être donnée du passage dans lequel le plaideur parle du lot de son cousin Céphisodote. Les intérêts de la mère et du fils étaient identiques, puisque le fils administrait les biens de sa mère pendant qu'elle vivait et qu'il avait la certitude de les acquérir définitivement lorsqu'elle mourrait. Causer un préjudice à la mère, c'était donc léser tout à la fois la mère et le fils (1).

4° Enfin, nous avons déjà fait remarquer que le plaidoyer, qui a pour titre : *De Philoctemonis he-*

trède, reconnaît avec nous dans la femme de Protarchide la veuve de Démoclès, c'est-à-dire une sœur de Dicæogène II; il propose de lire, comme dans le § 9, τὴν ἀδελφὴν τὴν Δικαιογένους γεγαμένην γυναῖκα.

(1) Voir ch. I, sect. 1, § 9, *suprà*, p. 54.

reditate, est relatif, non pas à la succession de Philoctémon, mais à la succession de son père Euctémon. Il s'agit donc dans ce discours du droit de successibilité des descendants, et non pas du droit de successibilité des sœurs. On a pu voir, dans la première partie de cette étude, ce que nous pensons de l'argument qu'on voudrait en tirer pour soutenir que les filles partageaient avec leurs propres enfants la succession de leur père (1).

Notre conclusion est que les mêmes règles étaient applicables à la succession échue aux frères et à la succession échue aux sœurs.

Ainsi, les sœurs excluaient leurs propres enfants. — La sœur de Pyrrhus, bien qu'elle ait des descendants, se présente comme seule habile à succéder; ses enfants s'écartent devant elle; « c'est, disent-ils, notre mère qui est héritière, κληρονόμος ἐστὶν ἡμῶν μήτηρ (2). » Si parfois ils se montrent personnellement, c'est à cause du profit indirect qu'ils retireront du gain du procès; leur intérêt se confond avec celui de leur mère; mais elle seule est successible (3).

---

(1) Voir ch. I, sect. 1, § 9, *suprà*, p. 52 et suiv.

(2) Isée, *De Pyrrhi hereditate*, §§ 3 et 5, Didot, p. 250.

(3) Quelques auteurs croient qu'un argument en faveur de cette opinion pourrait être tiré du discours d'Isée *de Apollodori hereditate*. Apollodore II, dit-on, laissait pour successibles : 1° une sœur mariée à Pronapis et qui avait plusieurs enfants; 2° un neveu nommé Thrasybule. Les enfants de la sœur ne vinrent pas au partage avec leur mère et leur cousin, puisque l'hérédité fut divisée seulement en deux

Ainsi encore, la succession échue à des sœurs et à des descendants de sœurs prédécédées se partageait par souches, *per stirpes*. La division par têtes, *per capita*, aurait été, de l'aveu même de ses partisans, une énorme injustice.

Nous pouvons maintenant reconstituer ainsi qu'il suit la loi de succession relative aux frères et sœurs et à leurs descendants :

Ἐὰν μὲν ἀδελφοὶ ὦσιν ὁμοπάτορες (κρατεῖν), καὶ ἐὰν παῖδες ἐξ ἀδελφῶν γνήσιοι τὴν τοῦ πατρὸς μοῖραν λαγχάνειν.

Ἐὰν δὲ μὴ ἀδελφοὶ ὦσιν ἢ ἀδελφῶν παῖδες, (ἀδελφαὶ καὶ παῖδες) ἐξ αὐτῶν κατὰ ταῦτα λαγχάνειν (1).

Κατὰ ταῦτα ! c'est-à-dire : il y a identité de règles pour l'une et pour l'autre classe de successibles.

§ 5.

A défaut de successibles se rattachant par un lien de descendance au père du défunt, la loi appelait les successibles qui avaient le même aïeul paternel que le *de cujus*.

Les raisons, que nous avons données plus haut pour justifier la vocation héréditaire de l'ascendant du premier degré, se représentent ici pour nous

parts égales, l'une pour la sœur, l'autre pour le neveu (Grasshoff, *De successione ab intestato*, p. 27 et note 90).— Mais il faudrait commencer par établir que la sœur d'Apollodore avait des enfants, et ce point est l'objet d'une controverse très-sérieuse.

(1) Cf. Buermann, *Das attische Intestaterbfolgegesetz*, p. 360.

décider à donner la qualité de successible à l'aïeul, lorsqu'il survivait à son petit-fils. Mais aucun texte ne peut être cité à l'appui de cette opinion (1).

Parmi les collatéraux, le premier rang doit appartenir aux oncles (θεῖοι) et aux tantes (τηθίδες) du défunt (2), en leur appliquant toujours la règle générale : Κρατεῖν τοὺς ἄρρενας.

L'aptitude des oncles et des tantes à succéder à leurs neveux est démontrée d'une façon péremptoire par l'argument suivant : les vocations héréditaires sont le plus souvent réciproques (3) ; or, les neveux succédaient à leurs oncles ; donc, par réciprocité, les oncles devaient succéder à leurs neveux. Ce raisonnement se trouve textuellement

(1) M. Giraud, *Revue de législation*, t. XVI, p. 120, appelle l'aïeul paternel à défaut de frères et de sœurs ou de leurs représentants. Cette vocation de l'aïeul ne peut pas, dit-il, être l'objet d'une preuve directe et précise, « mais elle nous paraît résulter implicitement de divers textes. » Voir, dans le même sens, Grasshoff, *De successione ab intestato*, p. 66.

(2) Hermann, *Juris domestici et familiaris comparatio*, p. 29 et suiv. ; cf. *Privatalterthümer*, 2ᵉ édit., § 64, 19 ; Schneider, *De jure hereditario Atheniensium*, p. 11 ; Grasshoff, *De successione ab intestato*, p. 67 et suiv.

(3) Nous disons « le plus souvent. » Car nous verrons bientôt que le neveu à la mode de Bretagne succédait à son oncle et que l'oncle à la mode de Bretagne ne succédait pas à son neveu. Cette exception tient à ce que le neveu à la mode de Bretagne descend de l'aïeul du défunt, tandis que l'oncle à la mode de Bretagne descend du bisaïeul du défunt, et la loi athénienne n'appelait à la succession que les parents qui descendent de l'aïeul.

écrit dans le discours d'Isée sur la succession de Cléonyme : « Si nous étions morts avant notre oncle, il aurait hérité de toute notre fortune, puisque nous n'avions ni enfants ni parents plus approchés ; une juste réciprocité veut que nul autre que nous ne bénéficie de sa fortune (1). »

De plus, l'oncle figurait au premier rang parmi les membres de la famille qui avaient le droit d'ἐπιδικασία. Nous avons, en effet, des textes qui prouvent que la fille héritière (ἐπίκληρος) pouvait être revendiquée en justice, non-seulement par son oncle, le frère du *de cujus* (2), mais encore par son grand-oncle, l'oncle du défunt (3). Or, on sait que l'ἐπιδικασία était permise à ceux qui, sans la présence de l'épiclère, auraient été personnellement successeurs aux biens (4).

On a voulu argumenter en sens contraire d'une

----

(1) Isée, *De Cleonymi hereditate*, §§ 45, 46, Didot, p. 242.

(2) Démosthène, *C. Stephanum*, I, § 75, Reiske, p. 1124 ; Isée, *De Cironis hereditate*, § 31, Didot, p. 295.

(3) Isée, *De Pyrrhi hereditate*, §§ 63 et 74, Didot, p. 258 et 259 ; Platon, *Leges*, XI, Didot, p. 469, 40.

(4) V. *suprà*, ch. I, sect. 1, § 7, 1°, p. 37 et suiv. — Pour échapper à cet argument, Gans, *Das Erbrecht*, I, p. 378, est réduit à dire que, sans doute, l'oncle pouvait épouser sa nièce épiclère, mais qu'il n'avait alors aucun droit sur les biens de celle-ci. Les biens allaient aux autres parents habiles à succéder ! Ainsi un cousin aurait eu la fortune pendant que l'oncle aurait eu l'épiclère ! Gans distingue, en effet, par suite d'une interprétation vicieuse du § 5 du discours d'Isée *de Aristarchi hereditate*, ceux qui peuvent épouser l'épiclère πρὸς τῷ κλήρῳ et ceux qui doivent l'épouser ἐπὶ τῷ κλήρῳ.

loi de Solon, conservée par Diogène-Laërce : Μὴ ἐπιτροπεύειν εἰς ὃν ἡ οὐσία ἔρχεται τῶν ἐπιτρόπων τελευτησάντων (1). « Celui-là ne peut pas être tuteur, qui recueillerait la succession du pupille. » Or, comme il y a de nombreux exemples de tutelles conférées à des oncles (2), il faut en conclure que l'oncle n'était pas successible (3).

Mais cette loi est certainement apocryphe. Nous avons des exemples de frères tuteurs de leurs jeunes frères. Oserait-on soutenir, en présence de textes formels, qu'un frère ne pouvait pas succéder à son frère ? Il serait plus exact de dire que la loi athénienne, comme la plupart des législations, avait admis en principe que « *Ubi successionis emolumentum est, ibi tutelæ onus esse debet.* » Le tuteur devait être pris parmi les ἐγγυτάτω γένους (4), c'est-à-dire nécessairement parmi les successibles (5).

L'oncle et la tante étaient donc des parents privilégiés, et il n'est pas possible d'admettre, avec

(1) I, 56.—Cf., pour le droit féodal, *Ordonnances des Roys de France*, I, p. 205 ; *Assises de Jérusalem*, éd. Beugnot, I, p. 261.

(2) Lysias, *C. Diogitonem*, § 5, Didot, p. 228 ; Isée, *De Cleonymi hereditate*, § 9, Didot, p. 237 ; *De Dicæogenis hereditate*, § 10, Didot, p. 267 ; *De Aristarchi hereditate*, Argumentum, Didot, p. 304.

(3) Gans, *Das Erbrecht*, t. I, p. 377.

(4) Isée, *De Dicæogenis hereditate*, § 10, Didot, p. 267.

(5) Van den Es, *De jure familiarum apud Athenienses*, p. 163 et suiv.—L'auteur de l'*Argumentum* du discours d'Isée, *de Aristarchi hereditate*, Didot, p. 304, l. 10, dit qu'Aristomène fut, en vertu de la loi, κατὰ γένος, tuteur des enfants de son frère.

Bunsen (1), qu'ils fussent exclus par leurs enfants,
et réduits à succéder seulement, comme membres
du γένος, lorsqu'il n'y avait d'héritiers proprement
dits ni dans la ligne paternelle ni dans la ligne
maternelle.

Quand l'oncle faisait défaut, il était représenté par
ses enfants et petits-enfants. Ici nous avons le témoignage formel d'Isée : Ὁ νόμος ἔδωκε τὴν ἀγχιστείαν
ἀνεψιοῖς πρὸς πατρὸς μέχρι ἀνεψιῶν παίδων (2). Ainsi le
cousin germain (ἀνεψιός) succédait à son cousin
germain; le neveu à la mode de Bretagne (ἀνεψιοῦ
παῖς) succédait à son oncle (*proprior sobrino*), et,
comme il est vraisemblable que la représentation était
ici encore admise à l'infini, l'ἀνεψιός avait comme
héritiers tous les descendants nés de son cousin
germain. En un mot, tous les collatéraux qui
étaient issus de l'aïeul du défunt pouvaient être
successibles.

Entre eux, on appliquait la règle générale : Κρατεῖν τοὺς ἄρρενας; les hommes étaient préférés aux
femmes, et le partage avait lieu par souches, suivant
ce que nous avons dit pour les collatéraux qui
descendaient du père du défunt.

A défaut d'aïeul paternel et de descendants de cet
aïeul, la logique commande d'appeler l'aïeule paternelle et ses descendants (3).

(1) *De jure hereditario Atheniensium*, p. 40.
(2) Isée, *De Hagniæ hereditate*, § 2, Didot, p. 309.
(3) M. Grasshoff, *De Successione ab intestato*, p. 71, nomme
aussi parmi les successibles *l'avia paterna et ii qui ab ea*

§ 6.

Faut-il aller plus loin dans la parenté paternelle, et, avant de passer aux parents maternels, doit-on admettre à la succession le bisaïeul et les collatéraux qui se rattachaient par un lien direct de descendance au bisaïeul paternel du défunt?

Chose curieuse! la question n'a jamais été sérieusement examinée que pour un seul de ces parents, le cousin issu de germain, le *sob-inus* des Romains. Nul n'a songé à l'étudier pour le bisaïeul (1), pour

descendunt; mais, il les intercale au milieu des bisaïeuls paternels, après 1° le *pater avi paterni defuncti;* 2° la *mater avi paterni defuncti,* et avant 3° le *pater aviæ paternæ defuncti,* 4° la *mater aviæ paternæ defuncti.* — Nous allons bientôt voir que cet ordre est inadmissible, par l'excellente raison que tous les bisaïeuls, sans exception, étaient exclus par les parents maternels.

(1) M. Grasshoff, *De successione ab intestato,* p. 71, n'hésite pas à appeler à l'hérédité le bisaïeul et la bisaïeule : « Si nemo fuit, qui ab avo defuncti paterno descendit, hereditas ad avi patrem vel defuncti proavum paternum, tum ad avi matrem defuncti proaviam paternam venit... Si ex his nemo superfuit, eadem ratione qua avi paterni parentibus, aviæ paternæ patri vel defuncti proavo paterno, tum aviæ paternæ matri vel defuncti proaviæ paternæ hereditas obvenit. » M. Grasshoff irait plus loin encore; car, s'il fallait remonter à des ascendants d'un degré plus éloigné, « si opus esset progredi ad ceteros ascendentes, eos ab hereditate excludendos esse non crederet. » Notons toutefois que M. Grasshoff, dans une autre partie de sa dissertation, avait eu grand soin d'écarter de l'hérédité les parents qui ne se rattachent au

le grand-oncle (1), pour l'oncle à la mode de Bretagne, pour les enfants du cousin issu de germain, et cependant tous doivent être régis par les mêmes principes.

D'éminents philologues, de savants juristes, ont soutenu que la législation d'Athènes accordait des droits de succession au cousin issu de germain (2). Ils n'invoquent en faveur de leur thèse qu'un seul argument, mais il est impossible d'en nier la gravité. Théopompe, qui réclama la succession d'Hagnias et pour lequel Isée composa l'un de ses discours les plus intéressants, était, comme Hagnias, arrière-petit-fils de Busélus; ils étaient donc parents dans la ligne collatérale au sixième degré, par conséquent cousins issus de germains, *sobrini*. Et cependant nous savons, par le témoignage de Démosthène, que Théopompe gagna son procès et que sa pétition d'hérédité fut jugée bien fondée (3).

Malgré l'autorité de cet exemple, nous allons

défunt que par leurs bisaïeuls : « Post eos, qui ab avo aut avia descendunt, non sobrini vel omnes ii qui a proavo aut proavia descendunt ad successionem vocantur, sed cognati a matre. » P. 42.

(1) Schneider, *De jure hereditario Atheriensium*, p. 23, affirme, sans discussion, que le grand-oncle (*patruus magnus*) succédait avant les parents maternels.

(2) Schneider, *loc. cit.*, p. 12 ; cf. Gans, *Das Erbrecht*, I, p. 376; de Boor, *Das attische Intestat-Erbrecht*, p. 55 et suiv.; Van Siegeren, *De conditione civili feminarum Atheniensium*, p. 120.

(3) Démosthène, *C. Macartatum*, § 33, Reiske, p. 1060; cf. § 10, Reiske, p. 1053.

— III —

essayer d'établir que les lois attiques ne reconnaissaient pas de droit de succession réciproque entre
les *sobrini*. Démosthène avait raison lorsqu'il affir-
mait que Théopompe ne se rattachait pas à Hagnias
par un lien de parenté consacré par le législateur :
Οὐκ ἂν εἴχεν ἔνεκα θέσθαι αὐτῷ τῶν ἐν τῷ νόμῳ εἰρημένων
οὐδέν (1). Il avait raison lorsqu'il déclarait que
Théopompe, trompant, à l'aide d'une argumentation insidieuse, des jurés distraits et ignorants,
avait réussi par surprise à obtenir les trois ou
quatre voix de majorité qui lui donnèrent gain de
cause : Ὁ Θεόπομπος οὐκ ἐνίκησεν, ἀλλὰ παρεκρού-
σατο (2). A ce point de vue, le plaidoyer d'Isée
offre même un exemple, intéressant à méditer,
des dangers que pourrait avoir l'introduction du
jury dans les affaires civiles. En équivoquant sur
le sens des expressions employées par le législateur,
ce que Démosthène lui-même ne rougit pas de
faire dans une autre circonstance (3), Isée parvint
à obtenir une décision, qu'un véritable juge, même

(1) Démosthène, *C. Macartatum*, § 27, Reiske, p. 1058.
(2) Démosthène, *C. Macartatum*, § 33, Reiske, p. 1060.
(3) Voir notre Étude sur le droit de tester dans l'*Annuaire
de l'association pour l'encouragement des Études grecques*,
1870, p. 26 et 27. Nous devons, dans l'intérêt de la mémoire
de Démosthène, ajouter à ce que nous avons dit une impor-
tante réserve. Les critiques les plus récents sont en effet d'avis
que les discours contre Stephanos ont pour auteur Apollodore,
et non pas Démosthène. Voir A. Schæfer, *Demosthenes und
seine Zeit*, III, 2, p. 177, et Dareste, *Les Plaidoyers civils de
Démosthène*, II, p. 291.

le moins versé dans la connaissance du droit, n'aurait jamais rendue.

Un plaideur déloyal pouvait, sans trop de difficultés, induire en erreur un tribunal d'Héliastes, en jouant sur le sens du mot ἀνεψιαδοῦς. Les Athéniens appelaient souvent du nom d'ἀνεψιαδοῖ les cousins issus de germains, les *sobrini* : οἱ ἐκ τῶν ἀνεψιῶν ὄντες ἀλλήλοις ἀνεψιαδοῖ (1). Mais quelquefois aussi, par le mot ἀνεψιαδοῦς, ils désignaient le neveu à la mode de Bretagne, le παῖς ἀνεψιοῦ : Ἀνεψιαδοῦς, ἐκ τοῦ ἀνεψιοῦ γεγονὼς ἢ ἐκ τῆς ἀνεψιᾶς (2). D'un autre côté, si les neveux à la mode de Bretagne sont fils des cousins germains du défunt, ἀνεψιῶν παῖδες, on peut dire aussi, à la rigueur, que deux cousins au sixième degré sont tous les deux fils de cousins germains, ἀνεψιῶν παῖδες. De là, des confusions inévitables pour des esprits peu attentifs.

On aurait pu, sans doute, les prévenir dans une certaine mesure en dressant soigneusement à l'avance des tableaux généalogiques, que le plaideur aurait mis sous les yeux des juges et qu'il leur aurait expliqués. Mais Démosthène nous dit que les Héliastes étaient trop nombreux pour qu'il fût loisible à tous de voir et de saisir les détails de ces tableaux. Ceux qui siégeaient aux derniers

(1) Pollux, *Onomasticon*, III, 28; cf. Démosthène, *C. Stephanum*, I, § 34, Reiske, p. 1117.

(2) Hésychius, édit. Alberti, I, p. 373; cf. Isée, *De Astyphili hereditate*, § 2, Didot, p. 298. Voir aussi Bekker, *Anecdota græca*, I, p. 15 : Ἀνεψιαδοῦς· ἀνεψιοῦ θυγάτηρ.

rangs auraient été moins bien traités que leurs
collègues. Aussi, l'orateur se bornait à une simple
exposition verbale des liens de parenté. Tous les
juges entendaient : τοῦτο γὰρ ἅπασι κοινόν ἐστιν (1).
Mais beaucoup d'entre eux devaient éprouver des
difficultés pour comprendre rapidement la généalogie, et pour ne pas la perdre de vue pendant
toute la durée des discours.

La loi était ainsi conçue : Ἐὰν δὲ μηδεὶς ᾖ πρὸς
πατρὸς μέχρι ἀνεψιῶν παίδων, τοὺς πρὸς μητρὸς κυρίους
εἶναι κατὰ τὰ αὐτά (2). Les manuscrits de Démosthène,
qui cite également cette loi, portent, il est vrai,
μέχρι ἀνεψιαδῶν παίδων (3). Mais le texte d'Isée est
confirmé par de nombreux passages dans lesquels
on lit toujours ἀνεψιῶν (4). L'orateur insiste même sur
ce point que la loi n'appelle pas les ἀνεψιαδῶν παῖδες :
Ὁ νομοθέτης οὐκ εἶπεν τοὺς τῶν ἀνεψιαδῶν εἶναι κυρίους...
Il est permis de croire que le mot ἀνεψιαδῶν est une
glose, que le possesseur d'un manuscrit avait in-
scrite en marge du livre comme synonyme d'ἀνεψιῶν
παίδων (5). Un copiste mal avisé l'aura prise pour

(1) Démosthène, C. Macartatum, § 18, Reiske, p. 1055.
(2) Isée, De Hagniæ hereditate, § 11, Didot, p. 311.
(3) Démosthène, C. Macartatum, § 51, Reiske, p. 1067.
(4) Isée, De Hagniæ hereditate, §§ 2 et 11, Didot, p. 309
et 311 ; De Apollodori hereditate, § 22, Didot, p. 286.
(5) Un fait analogue a pu se produire pour le discours de
Démosthène, C. Evergum et Mnesibulum, § 71, Reiske, 1161 :
Κελεύει ὁ νόμος τοὺς προσήκοντας λαγχάνειν μέχρι ἀνεψιαδῶν. Il est
à peu près démontré aujourd'hui, grâce à M. Kœhler, que
la loi dont parle l'orateur se servait des mots μέχρι ἀνεψιῶν

une correction du mot ἀνεψιῶν et l'aura introduite
dans le texte (1). Tenons donc pour certain que les
seuls successibles dans la ligne paternelle sont les
parents μέχρι ἀνεψιῶν παίδων.

Platon, qui, dans son *Traité des lois*, a fait de
nombreux emprunts au droit positif d'Athènes,
se sert fréquemment de ces expressions de la loi
successorale : μέχρι ἀνεψιῶν παίδων : « Si des orphe-
lins perdent leur tuteur, les parents et les alliés
du côté paternel et du côté maternel, μέχρι ἀνεψιῶν
παίδων, devront en nommer un autre dans le délai
de dix jours (2). » « Si celui qui s'est rendu coupable du délit de blessures est sans enfants, ses
parents du côté paternel et du côté maternel, μέχρι
ἀνεψιῶν παίδων, se réuniront et lui choisiront un
héritier (3). » « Si un frère blesse son frère, les
parents du côté paternel et du côté maternel,
hommes et femmes, μέχρι ἀνεψιῶν παίδων, s'assem-
bleront et jugeront le coupable (4). » « Lorsque le
père voudra abdiquer la puissance paternelle, il

παίδων (voir Philippi, *Areopag und Epheten*, p. 71 et suiv.).
Ἀνεψιαδῶν a été probablement substitué à ἀνεψιῶν παίδων
comme ayant le même sens. Il faut donc bien se garder de
traduire, avec M. Vœmel, par « usque ad sobrinos. » La
seule traduction exacte est « usque ad consobrini filios. » —
La même observation s'applique à la traduction des mots
ἐντὸς ἀνεψιαδῶν du discours *C. Macartatum*, § 62, Reiske,
1071, etc.....

(1) Voir Schœmann, *Ad Isæum*, p. 455.
(2) *Leges*, VI, Steph., 766, c, Didot, p. 360.
(3) *Leges*, IX, Steph., 877, c, d, Didot, p. 437.
(4) *Leges*, IX, Steph., 878, d, Didot, p. 438.

assemblera ses parents μέχρι ἀνεψιῶν παίδων et les parents maternels de son fils jusqu'au même degré, et il leur exposera ses raisons (1). » En présence de ces témoignages répétés, on peut dire, avec certitude, que, pour Platon (2) comme pour Isée et pour Démosthène (3), les seules personnes qui soient dans la parenté légale (οἱ ἐντὸς ἀνεψιότητος) sont les parents μέχρι ἀνεψιῶν παίδων, et que le législateur les appelle seules à la succession.

Eh bien ! précisément, lorsque Platon s'occupe de la transmission des hérédités, pour prévenir l'indécision que la formule μέχρι ἀνεψιῶν παίδων peut laisser dans l'esprit, il nous dit, avec une netteté plus grande, quels sont les parents ἐντὸς ἀνεψιότητος, et nous donne ainsi un précieux commentaire de la loi rapportée par Isée et par Démosthène.

« Lorsqu'un homme mourra sans testament, laissant des filles, le frère consanguin du défunt ou le frère utérin sans patrimoine aura la fille et la fortune du défunt. Si le défunt n'a plus de frère, mais un neveu fils de frère, il en sera de même, pourvu qu'il n'y ait pas disproportion d'âge entre le neveu et la fille. A défaut des précédents, le neveu fils de sœur aura les mêmes droits. En quatrième lieu, viendra l'oncle paternel ; en cinquième lieu, le fils de celui-ci ; en sixième lieu, le fils de la tante paternelle, et ainsi de suite selon les

---

(1) *Leges*, XI, Steph., 929, b, Didot, p. 473.
(2) *Leges*, IX, Steph., 871, b, Didot, p. 432.
(3) Démosthène, *C. Macartatum*, § 57, Reiske, p. 1068.

degrés de parenté... S'il n'y a pas de parents...
μέχρι μὲν ἀδελφῶν παίδων, μέχρι δὲ πάππων παῖδων ἀνεψιότης,
celui d'entre les citoyens, que la fille choisira librement et que les tuteurs agréeront, sera l'époux de la fille et l'héritier du défunt (1). »

Quels sont les collatéraux qui peuvent épouser la fille du défunt et recueillir l'hérédité, parce qu'ils sont parents ἐντὸς ἀνεψιότητος, c'est-à-dire μέχρι ἀνεψιῶν παίδων? Tous ceux qui se rattachent par un lien de descendance au père du défunt, le frère, le neveu, le petit-neveu (ἀδελφῶν παῖδες); tous ceux qui se rattachent par un lien de descendance au grand-père du défunt, l'oncle, le cousin germain, le neveu à la mode de Bretagne, qui sont πάππων παῖδες; mais rien que ceux-là.

Quant au cousin issu de germain, il est obligé pour se rattacher au défunt de remonter dans la ligne ascendante jusqu'au bisaïeul, le πρόπαππος du défunt. En agissant ainsi, il dépasse la limite fixée par la loi, qui veut qu'on s'arrête au πάππος. Il est donc en dehors de la parenté légale, et il ne doit pas figurer parmi les successibles (2).

---

(1) *Leges*, XI, Steph., 924, e, et 925, a, b, Didot, p. 469.

(2) Schœmann, *Ad Isæum*, p. 456 et suiv.; Schelling, *De Solonis legibus*, p. 122; Giraud, *Revue de Législation*, XVI, p. 120; Dareste, *Journal des Savants*, 1874, p. 623, et *Plaidoyers civils de Démosthène*, I, p. xxix; Hermann, *Privat-alterthümer*, 2ᵉ éd., § 64, 13 et suiv.; Philippi, *Areopag und Epheten*, p. 72; Grasshoff, *De successione ab intestato*, p. 33 et suiv. Cf. Wachsmuth, *Hellenische Alterthumskunde*, 2ᵉ éd., t. II, p. 174 et suiv.

On pourrait être tenté de trouver, dans un discours de Démosthène, une objection contre l'opinion que nous avons adoptée (1). Euthymaque, du
dème d'Otryne, laissa un fils aîné, Midylide, qui
eut lui-même une fille, nommée Clitomaque, mère
du plaideur Aristodème. Un autre fils d'Euthymaque, Archias, mourut sans enfants; mais un
de ses parents, Léocrate, se prévalut d'une adoption et recueillit sa fortune. Plus tard, Léocrate,
usant d'un droit écrit dans la loi athénienne,
sortit de sa famille adoptive, en y laissant son fils
Léostrate. Celui-ci, imitant l'exemple de son père,
rentra également dans sa famille naturelle et laissa
dans celle d'Archias (contrairement à la loi qui
exigeait un fils légitime) un fils simplement adoptif, Léocrate II. Ce dernier n'eut pas de postérité,
et sa succession fut l'objet d'un procès, à l'occasion
duquel Démosthène composa un plaidoyer en faveur
d'Aristodème. Voici comment on pourrait établir
le tableau de la parenté :

Euthymaque.

Midylide.	Archias.
Clitomaque.	Léocrate I.
Aristodème.	Léostrate.
	Léocrate II (2).

Aristodème réclamait la succession de Léocrate II,

(1) Discours contre Léocharès, Reiske, p. 1079 et suiv.
(2) Voir Schæfer, *Demosthenes und seine Zeit*, III, 2, p. 241.

comme parent au degré successible dans la famille
paternelle, et comme excluant la parenté maternelle. Léocrate II et lui étaient cependant cousins
au septième degré. Comment Aristodème n'aurait-il
pas été admis, à plus forte raison, à demander la
succession de Léostrate, avec lequel il était parent
au degré qui nous occupe, c'est-à-dire cousin issu
de germain ?

L'objection que nous venons de prévoir et de
formuler est facile à réfuter. D'après les principes
du droit civil d'Athènes, le fils adopté, lorsqu'il
quittait la famille adoptive pour rentrer dans sa
famille naturelle, devenait complétement étranger
à la famille adoptive. L'enfant légitime, qu'il se
substituait, était regardé, non pas comme le petit-
fils de l'adoptant, mais bien comme son fils. Ainsi,
Léocrate II, prenant la place de Léostrate, qui
lui-même avait pris la place de Léocrate Iᵉʳ, était
réputé fils d'Archias ; il n'était séparé d'Euthymaque
que par deux degrés de descendance. Aristodème et
lui étaient donc parents au cinquième degré, et
c'est bien ce que dit le plaideur : « Nous sommes
les fils d'un cousin germain du défunt : Ὄντες ἀνε-
ψιαδῶ ἐκείνῳ (1). » La proximité du degré permettait
donc à Aristodème de réclamer la succession par
préférence à ceux qui étaient seulement parents
par les femmes.

Réfutons un dernier argument qu'on serait peut-
être tenté, après ce que nous avons dit plus haut

____

(1) Démosthène, *C. Leocharem*, § 26, Reiske, p. 1088.

de l'autorité de Térence comme peintre des institutions juridiques d'Athènes, de tirer de l'*Andrienne* de ce poëte. — Criton affirme qu'il peut succéder à Chrysis :

> « *In hac habitasse platea dictum'st Chrysidem...*
> *Ejus morte ad me lege redierunt bona...* (1). »

Or, Criton était seulement le *sobrinus* de Chrysis :

> « *Est ne hic Crito sobrinus Chrysidis* (2)? »

Les *sobrini* étaient donc respectivement successibles.

Nous répondrons d'abord que ni Chrysis, ni Criton n'étaient citoyens d'Athènes (3), et que leur succession devait être régie par les lois d'Andros, leur patrie. Mais, lors même qu'il s'agirait d'Athéniens, l'objection ne serait pas décisive. Térence a lu dans son modèle que Criton était l'ἀνεψιαδοῦς ou l'ἐξανεψιος de Chrysis, et, comme le sens de ces mots était ambigu, même pour les Athéniens, il ne faut pas s'étonner que le poëte latin les ait traduits par *sobrinus*.

(1) Térence, *Andria*, vers 797 et 800 ; IV, 5, 4.
(2) Eod. loc., vers 802.
(3) Eod. loc., vers 811 et 818.

SECTION QUATRIÈME.

LA MÈRE ET LES PARENTS MATERNELS.

Lorsque, dans la ligne paternelle, il n'y avait ni père, ni collatéraux descendant du père, ni aïeul paternel, ni collatéraux descendant de l'aïeul paternel, la succession passait aux parents maternels. Isée nous a conservé le texte de la loi athénienne qui ordonnait cette transition d'une ligne à l'autre : Ἐὰν μηδεὶς ᾖ πρὸς πατρὸς μέχρι ἀνεψιῶν παίδων, τοὺς πρὸς μητρὸς κυρίους εἶναι κατὰ τὰ αὐτά (1). L'orateur a lui-même commenté les derniers mots de cette loi : κατὰ τὰ αὐτά; ils signifient, nous dit-il, que les parents maternels doivent être appelés dans l'ordre qui a été précédemment suivi pour la vocation des parents paternels : καθάπερ τοῖς πρὸς πατρὸς ἐξ ἀρχῆς ἔδωκεν (ὁ νόμος) τὴν κληρονομίαν (2).

Il semble donc que la logique nous commande-

(1) *De Hagniæ hereditate*, § 11, Didot, p. 311; cf. Démosthène, *C. Macartatum*, § 51, Reiske, 1067.

(2) *De Hagniæ hereditate*, § 2, Didot, p. 309.

rait de mettre en première ligne la mère du défunt ;
à son défaut, les frères utérins et leur postérité ;
puis les sœurs utérines et leur postérité. Lorsqu'il
n'y a aucun collatéral descendant de la mère, l'analogie voudrait que l'aïeul maternel et ses descendants fussent héritiers. Enfin, pour la solution des
difficultés de détail qui peuvent s'élever à l'occasion
de chacun de ces ordres de successibles, il serait
naturel de se référer aux explications données pour
les parents correspondants dans la ligne paternelle.

Cependant beaucoup d'auteurs repoussent cette
assimilation des deux lignes. Mayer, par exemple,
après avoir admis le père à succéder à son fils mort
sans postérité, refuse à la mère tout droit de
succession (1). Bunsen, moins rigoureux pour la
mère, consent à l'admettre parmi les successibles ; mais, dans la ligne paternelle, il donne
le premier rang au père, le deuxième aux frères
consanguins et à leurs enfants, le troisième aux
sœurs consanguines et à leur postérité ; tandis
que, dans la ligne maternelle, il place en
première ligne les frères utérins et leurs enfants, et en seconde ligne seulement la mère,
qu'il fait concourir avec les sœurs utérines (2).
Schneider appelle la mère, mais uniquement dans

(1) *Das Recht der Athener*, II, § 257, p. 457 ; cf. Schæfer,
Demosthenes und seine Zeit, III, 3, p. 230.
(2) *De jure hereditario Atheniensium*, p. 39 ; cf. Van Stegeren, *De conditione civili feminarum Atheniensium*, p. 113.

le cas où il n'y a pas d'autres parents maternels
que ceux qui se rattachent au défunt par son aïeul
maternel (1).

Pour nous, nous n'hésitons pas à croire que la
mère avait, dans le droit attique, la qualité de
successible. Les raisons que nous avons invoquées
pour justifier la vocation du père se représentent
ici : Un frère utérin ne se rattache à son frère que
par l'intermédiaire de sa mère; n'est-il pas juste
d'en conclure, par argument *a fortiori*, que la
mère doit avoir, comme le frère utérin, le droit de
recueillir l'hérédité ? Cet argument, si simple,
n'avait pas échappé aux jurisconsultes athéniens,
et nous le trouvons textuellement formulé dans un
vieil auteur : Ἀμφισβητήσειε γὰρ ἂν καὶ ἡ μήτηρ, ὡς εἰ
τοὺς πρὸς μητρὸς νόμος κληρονομεῖν καλεῖ, πολὺ πρότερον
αὐτὴν τὴν μητέρα καλείη (2).

On oppose, il est vrai, un texte de l'orateur
Isée : « La mère, dit-il, bien que, d'après le droit
naturel, elle soit la plus rapprochée du défunt, n'a
pas reçu de la loi civile l'ἀγχιστεία ou aptitude
légale à succéder : Μήτηρ, ὃ οἰκειότατον μὲν ἐν τῇ
φύσει πάντων, ἐν δὲ ταῖς ἀγχιστείαις ἐπιλεγομένως οὐκ
ἔστιν (3). » — Mais il suffit de lire avec attention
tout le discours d'Isée pour reconnaître que ce

(1) *De jure hereditario Atheniensium*, p. 23.
(2) Theo, *Progymnasmata*, c. 13, § 10; cf. Dareste, *Les
plaidoyers civils de Démosthène*, I, p. xxviii; Perrot, *L'éloquence politique et judiciaire à Athènes*, I, p. 378.
(3) *De Hagniæ hereditate*, § 17, Didot, p. 312.

texte n'a pas le sens absolu qu'on lui prête (1). Isée ne veut pas dire que la mère est complétement exclue de l'ἀγχιστεία; il dit seulement que la mère est moins bien placée d'après le droit civil que d'après le droit naturel; et, en effet, d'après le droit naturel, elle viendrait au premier rang, tandis que le droit civil l'oblige à laisser passer avant elle tous les parents paternels. L'orateur aurait même pu, à la rigueur, affirmer que la mère d'Hagnias n'était pas héritière, sans nous autoriser à en conclure que jamais elle n'avait le droit de succéder. Elle n'était pas héritière, ἐν ταῖς ἀγχιστείαις οὐκ ἔστι, parce que, d'après Isée, elle n'était pas en rang utile, la totalité de la succession devant appartenir à un parent plus favorisé, à Théopompe, le client de l'orateur (2).

Il nous semble même que le droit de la mère est textuellement consacré par un autre passage du même discours d'Isée. L'orateur a parlé de prétendants à la succession d'Hagnias, prétendants qui, lors même qu'ils obtiendraient la délivrance des biens héréditaires, en seraient promptement dépouillés, parce qu'ils ne sont pas successibles, et il ajoute : « Les parents maternels viendraient leur enlever la succession. Glaucon, le frère utérin du défunt, la leur disputerait avec succès; car ils n'ont pas de titres supérieurs aux siens, et il prouverait facilement qu'ils sont en dehors de la

(1) Mavrocordato, *Thèse pour le doctorat en droit*, p. 29.
(2) Schelling, *De Solonis legibus*, p. 124.

parenté légale. Quand même Glaucon garderait le silence, il y aurait contestation de la part de la mère du défunt ; elle aussi a des droits légitimes sur la succession de son fils : κρατήσει καὶ αὐτὴ τῆς ἀγχιστείας τοῦ αὐτῆς υἱέος ; elle poursuivrait les détenteurs, qui n'auraient à lui opposer aucun titre valable ; elle vous montrerait avec évidence que vous devez lui adjuger la moitié de la succession, puisqu'elle a pour elle la justice et les lois (1). » L'argument que ce texte fournit en faveur de la mère n'est-il pas décisif ?

Pour y échapper, on a prétendu que la mère d'Hagnias, dans l'hypothèse prévue par l'orateur, aurait succédé à son fils, non pas comme mère, mais comme cousine dans la ligne paternelle, *proin et ipsa filii sui sobrina* (2), à défaut de successibles dans la première partie des deux lignes paternelle et maternelle. On peut constater, en effet, en étudiant la généalogie d'Hagnias telle qu'elle résulte des discours de Démosthène et d'Isée, que la mère était cousine de son fils au sixième degré (*sobrina*) dans la ligne paternelle (3).

(1) Isée, *De Hagniæ hereditate*, §§ 29 et 30, Didot, p. 314.
(2) Schœmann, *Ad Isæum*, p. 450.
(3)

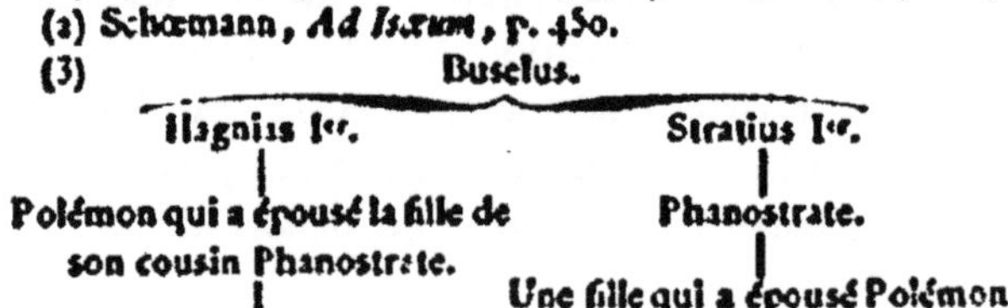

Mais l'objection n'est pas sérieuse ; car l'orateur, dans le fragment que nous avons cité, s'occupe des parents maternels, et πρὸς μητρὸς τοῦ τελευτήσαντος, et il met sur la même ligne, pour son argumentation, le frère utérin et la mère (1).

Si, d'ailleurs, l'orateur eût présenté aux juges la mère d'Hagnias comme une *sobrina* du défunt, il eût fourni à son adversaire une arme terrible. Tous ses efforts tendaient à établir, contrairement à la vérité, que lui, plaideur, était un *consobrini filius* et non pas un *sobrinus* du défunt ; nous avons déjà dit par quelle fraude il dissimulait aux juges sa véritable qualité. Or, il venait d'avouer qu'il était parent d'Hagnias au même degré que la mère de celui-ci ; qu'il avait seulement sur elle le privilége de masculinité admis par les lois d'Athènes (2). Dire ensuite que la mère d'Hagnias succédait comme *sobrina*, c'eût été dire qu'il était lui-même *sobrinus*, et il eût perdu tout le profit de son insidieuse argumentation (3).

Le discours sur la succession d'Hagnias prouve donc bien que la mère pouvait succéder à son fils.

Un second exemple de succession dévolue à la mère nous est fourni par un autre discours d'Isée. L'hérédité d'Endius, qui avait été adopté par son oncle maternel Pyrrhus, fut recueillie par sa mère.

M. Schœmann prétend, il est vrai, que, si la

<hr>

(1) Voir Bunsen, *De jure hereditario Atheniensium*, p. 25.
(2) Isée, *De Hagniæ hereditate*, § 17, Didot, p. 312.
(3) Schelling, *De Soloniis legibus*, p. 126, note 30.

mère d'Endius succéda, ce ne fut pas en qualité de mère, mais bien comme tante du défunt dans la famille adoptive. Tous les liens de parenté naturelle avaient été brisés par l'adoption d'Endius : « *Naturalis cognatio propter adoptionem Endii jus suum amiserat* (1). » Or, si, aux yeux de la loi civile, la parenté disparaissait entre l'adopté et la mère naturelle, comment celle-ci aurait-elle eu des droits sur la succession de son fils ? La mère d'Endius vint donc à l'hérédité en vertu d'un autre titre, que nous trouvons dans ce fait qu'elle était sœur de l'adoptant.

L'éminent philologue nous paraît avoir commis une erreur manifeste en généralisant et en appliquant à la mère les dispositions de la loi athénienne spéciales au père naturel. Nous reconnaissons volontiers que l'adopté, en même temps qu'il acquérait sur les biens de l'adoptant tous les droits qui auraient appartenu à un enfant né en mariage, devenait, aux yeux de la loi civile, étranger à son père naturel. Nous avons même soutenu et nous croyons avoir démontré cette proposition contre les affirmations opposées d'Hermann (2). Mais ce qui était vrai du père n'était pas vrai de la mère. L'enfant adoptif, malgré l'adoption, continuait toujours de se rattacher à sa mère naturelle : Μητρὸς δ' οὐδεὶς ἐστιν εἰσποίητος, ἀλλ' ὁμοίως ὑπάρχει τὴν αὐτὴν εἶναι μη-

(1) Schœmann, *Ad Isæum*, p. 224.
(2) *Annuaire de l'Association pour l'encouragement des études grecques en France*, 1870, p. 28-30.

τέκνα, καὶ ἐν τῷ πατρῴῳ μένῃ τις εἴτε καὶ ἐκποιηθῇ (1).
« L'enfant ne cesse jamais d'avoir sa mère naturelle, qu'il reste dans sa famille naturelle ou qu'il soit donné en adoption. »

Ainsi, aux yeux de la loi civile, le père peut changer, la mère reste toujours la même. L'adoption d'Endius par Pyrrhus n'avait donc pas rompu les liens de parenté civile qui le rattachaient à sa mère. L'objection de M. Schœmann perd toute sa force, et le nouvel exemple que nous citons ne doit pas être écarté.

Nous avons déjà dit que la logique commanderait de donner le premier rang dans la ligne maternelle à la mère et de n'appeler qu'à son défaut les frères utérins. C'est bien ce que dit, en effet, le grammairien Théon, que nous avons cité plus haut : « Si la loi appelle à succéder les parents par la mère, elle appelle à plus forte raison avant eux la mère elle-même. » Nous devons reconnaître, toutefois, que le discours sur la succession d'Hagnias paraît subordonner la vocation de la mère à l'absence ou à l'abstention de frères utérins (2). Mais le plaidoyer d'Isée renferme tant d'erreurs juridiques préméditées, que nous n'osons pas, sur sa seule autorité, rejeter l'opinion qu'imposent la raison et la logique. Gans, dont nous avons combattu les doctrines défavorables aux ascendants, est le premier à reconnaître qu'Isée, dans le dis-

(1) Isée, *De Apollodori hereditate*, § 25, Didot, p. 287.
(2) Isée, *De Hagniæ hereditate*, § 30, Didot, p. 314.

cours sur l'hérédité d'Hagnias, a volontairement troublé l'ordre assigné par le législateur aux parents successibles (1). Pour mieux dissimuler la fraude à laquelle son client avait recours, pour rendre plus difficile à découvrir l'erreur en laquelle il induisait les juges, il a maintes fois altéré la vérité, et la défiance est permise.

(1) *Das Erbrecht in weltgeschichtlicher Entwickelung*, I, p. 374.

SECTION CINQUIÈME.

SUCCESSIONS EXTRAORDINAIRES.

Sommaire. — § 1. Les γεννῆται. — § 2. Retour successoral. — § 3. Successions en déshérence.

§ 1.

Lorsque la ligne maternelle n'avait aucun représentant jusqu'au degré de παῖς ἀνεψιαδοῦ du défunt inclusivement, on revenait à la ligne paternelle et la succession était attribuée au parent le plus proche parmi ceux qui se rattachaient au défunt par son bisaïeul, son trisaïeul et ainsi de suite : Ἐὰν μηδετέρωθεν ᾖ ἐντὸς τούτων, τὸν πρὸς πατρὸς ἐγγυτάτω κύριον εἶναι (1). C'étaient probablement ces parents, plus ou moins éloignés, de la ligne paternelle, et μάλιστα κατὰ γένος προσήκοντες, qui étaient désignés sous le nom générique de γεννῆται, et ce nom leur avait été donné, nous dit Hésychius,

(1) Démosthène, *C. Macartatum*, § 51, Reiske, p. 1067.

parce qu'ils recueillaient la succession lorsque dans
la maison il n'y avait pas de proches parents :
χρεώστες τοῦ οἴκου τῶν ἀγχιστέων ἐκλιπερεψαμένων (1).

§ 2.

Lε droit grec dorien nous offre un exemple de ce
que nous appelons parfois *retour successoral*,
et plus exactement succession anomale.

L'article 351 de notre Code civil dit que, « si
l'adopté meurt sans descendants légitimes, les
choses recueillies par lui dans la succession de
l'adoptant, et qui existeront en nature lors du
décès de l'adopté, retourneront aux descendants de
l'adoptant. »

Cet article pourrait servir de traduction presque
littérale à une vieille loi crétoise trouvée dans les
ruines de Gortyne. Cette loi, dont M. Kirchhoff
juge difficile de placer la date plus tard que
la cinquantième olympiade (580 avant J.-C.),
et que d'autres savants font remonter encore plus
haut, est ainsi conçue : Αἰ δὲ θάνοι ο ἀνπανος γνέσια
τέκνα μὴ καταλικόν, πὰρ τὸ ἀναπναμένο ἐπιβαλλόντανς
ἀπεχὲν τὰ χρίματα (2).

(1) S. v. χρεώσται, édit. Alberti, p. 1552, note 28.
(2) Cauer, *Delectus inscriptionum græcarum*, 1877, n° 37,
p. 41 et suiv. — Cette loi crétoise, dont nous avons déjà parlé
suprà, p. 20, note 2, a été, pendant l'impression de notre
Étude, l'objet d'un remarquable mémoire de M. Michel Bréal
(*Journal des Savants*, 1878, p. 496-501). Aucune objection
sérieuse ne peut être proposée, au point de vue juridique,

L'ἀνπαντός ou ἀμπαντός, c'est l'héritier désigné par le *de cujus*, l'adopté testamentaire. Si cet héritier institué meurt sans laisser d'enfants légitimes (εἰ θέκα γνήσια τέκνα μὴ καταλιπών), les biens qu'il doit à la générosité du testateur (τὰ χρήματα τοῦ ἀναπαμένου) retourneront aux parents du testateur (εἱ ἐπιβάλλοντες τοῦ ἀναπαμένου).

Dans le cas d'adoption entre vifs, lorsque l'adopté mourait sans postérité, sa succession était recueillie par l'adoptant. Mais celui-ci héritait alors en qualité de père; aux yeux de la loi civile et de la loi religieuse, il n'y avait pas de différence entre le père par adoption et le père par les liens du sang.

Le témoignage spécial au droit crétois nous a paru digne d'une mention, en attendant que de nouvelles découvertes permettent de le généraliser.

contre la reconstitution philologique du texte. La traduction seule donne prise à quelques critiques, parce que M. Bréal, au lieu de voir dans l'ἀναπαμένος un testateur et dans l'ἀνπαντός un héritier institué, a mieux aimé y voir un adoptant entre vifs et un adopté. Avec ces titres d'adoptant et d'adopté, la loi contredirait un principe presque certain des anciennes législations, ce principe que l'adopté entre vifs est lié à la succession de l'adoptant, qu'il est *heres necessarius, sire velit, sire nolit*. Que l'on substitue à ces titres ceux de testateur et d'héritier institué, et la loi sera en harmonie avec ce que nous savons d'ailleurs. L'adopté par testament ou héritier institué pourrait, en effet, ne pas accepter la succession qu'il jugeait trop onéreuse. En n'allant pas à l'hérédité (μὴ ἐπιχωρῶν), en ne faisant pas adition, en s'abstenant, il échappait à l'obligation de représenter le *de cujus* et de payer les charges de la succession.

Le parallèle qui suit montrera quelles différences séparent

§ 3.

Il devait être bien rare qu'un Athénien mourût sans laisser d'héritiers légitimes ou testamentaires. L'un des plus grands malheurs pour les anciens était la cessation d'un culte domestique. Lorsqu'une famille n'avait plus aucun représentant, le foyer, sur lequel devaient être offerts les sacrifices aux morts, n'était jamais allumé, et nul n'allait déposer sur les tombeaux des ancêtres les repas funèbres auxquels ils avaient droit. Le citoyen qui

notre traduction de celle de M. Bréal, le texte grec étant le même pour l'une et pour l'autre.

M. BRÉAL.	E. CAILLEMER.
« L'adopté n'est pas tenu de payer les dettes du père adoptif, ni de délivrer les legs que celui-ci a institués ; mais auparavant, il n'entrera pas en possession.	« L'héritier institué n'est pas obligé de payer les dettes du testateur, ni d'acquitter les legs faits par le testateur ; mais il ne pourra faire adition avant (d'avoir pris cette obligation).
« Si l'adopté meurt sans laisser d'enfants légitimes, les biens retourneront aux parents de l'adoptant.	« Si l'héritier institué meurt sans laisser d'enfants légitimes, les biens retourneront aux parents du testateur.
« Si l'adoptant intente une action en révocation, les hérauts l'annonceront en place publique, du haut de la pierre, le peuple étant assemblé... »	« Si le testateur veut révoquer son testament, la révocation aura lieu publiquement devant le peuple assemblé... »

n'avait pas d'héritiers choisissait donc, pour échapper à la honte de la déshérence (1), un successeur
testamentaire.

Mais, soit qu'il y eût eu négligence, soit pour
toute autre cause exceptionnelle, il arrivait quelquefois que la mort surprenait l'Athénien avant
qu'il n'eût désigné son représentant. La loi, pour
prévenir l'abandon d'un autel privé, chargeait
alors le premier archonte de veiller soigneusement
à ce que la maison ne restât pas déserte : Ὁ νόμος
τῷ ἄρχοντι τῶν εἴκων, ὅπως ἂν μὴ ἐξερημῶνται, προστάττει
τὴν ἐπιμέλειαν (2).

Il n'y avait donc pas, ou du moins le législateur
souhaitait qu'il n'y eût pas, à Athènes, de successions en déshérence. Lorsque l'hérédité était
vacante, l'archonte éponyme cherchait un citoyen
disposé à prendre la place du mort et à ressusciter
l'œuvre religieuse que la vacance avait interrom-
pue. Quand il l'avait trouvé, il l'introduisait dans
la maison du défunt.

Même à l'époque où les besoins du Trésor étaient
urgents et où les confiscations furent multipliées
pour subvenir aux dépenses publiques, l'idée
qu'une maison ne doit pas périr resta toujours
en honneur. Il eût été facile d'attribuer à l'État
les biens en déshérence ; on aima mieux maintenir

(1) Isée, *De Apollodori hereditate*, § 31, Didot, p. 288.
(2) Isée, *eod. loc.*, § 30, Didot, p. 287 ; cf. Démosthène,
C. Macartatum, § 75, Reiske, p. 1076, et Anaximène (Aris-
tote) *Rhetorica ad Alexandrum*, II, 8, Didot, I, p. 418.

à l'éponyme le droit d'adjuger les successions sans héritiers aux personnes qui s'engageaient à continuer le culte domestique (1).

(1) Voir Wachsmuth, *Hellenische Alterthumskunde*, 2ᵉ édit., II, p. 177.

SECTION SIXIÈME.

SUCCESSIONS IRRÉGULIÈRES.

SOMMAIRE. — § 1. Affranchis. — § 2. Métèques. — § 3. Étrangers. — § 4. Esclaves privés. — § 5. Esclaves publics.

§ 1.

A Rome, d'après la loi des Douze Tables, l'esclave affranchi n'avait ni ascendants ni collatéraux; car la parenté servile, même à la suite de l'affranchissement, était destituée d'effet. Un affranchi ne pouvait avoir que des descendants issus de justes noces contractées depuis le jour où il était devenu libre. Ces descendants de l'affranchi, héritiers *siens,* recueillaient naturellement la succession de leur père mort intestat. A défaut d'héritiers *siens,* la loi appelait le patron et sa postérité (1).

Les mêmes règles furent en vigueur à Athènes.

(1) *Instituts de Justinien,* III, 7, *fr., De successione libertorum.*

L'affranchi athénien (ἀπελεύθερος) avait pour héritiers légitimes ses enfants et descendants; à défaut
de descendants, son patron et la famille de son
patron. De nombreux textes ne laissent aucun
doute sur cette similitude des deux législations :
« Quand une personne meurt sans enfants, dit le
rhéteur Anaximène, le législateur appelle à sa
succession ses parents les plus proches. En vertu
de ce principe, c'est moi qui dois devenir le maitre
de la fortune laissée par l'affranchi. Car ceux qui
lui ont donné la liberté sont morts; j'étais leur
parent le plus rapproché et il est juste que les biens
de l'affranchi m'appartiennent (1). »

Il ne faut donc pas s'étonner si, parmi les prétendants à la succession de Nicostrate, succession
qui, d'après Isée, fut l'objet de mille convoitises,
on vit deux citoyens, Ctésias et Cranaos, soutenir
que Nicostrate, mort sans enfants, avait été leur
esclave, qu'ils l'avaient affranchi et qu'ils devaient,
comme patrons, être ses héritiers (2).

Nous avons dit que le droit de succéder à l'affranchi n'était pas restreint au patron, et que les
héritiers du patron pouvaient également l'invoquer.
— Il y a pourtant, contre cette extension aux héritiers, une objection sérieuse, qui se présente
naturellement à l'esprit. Personne n'ignore les
analogies frappantes existant, dans les lois attiques,

(1) *Rhetorica ad Alexandrum*, I, § 16, dans Didot, *Aris-
toteles*, I, p. 414.
(2) Isée, *De Nicostrati hereditate*, § 9, Didot, p. 262.

entre le droit de succéder à une personne et l'obligation de venger sa mort quand elle périssait de
mort violente. Ceux que la loi appelait à l'hérédité
étaient aussi ceux que la loi chargeait de porter
devant l'archonte-roi la φόνου γραφή. Or nous lisons,
dans une consultation des exégètes ou interprètes
du droit sacré, que le patron seul, l'ancien maître,
peut poursuivre le meurtrier de son affranchi; que
les descendants du patron doivent bien se garder
d'agir (1). Puisque les héritiers du patron n'avaient
pas l'action de meurtre, par analogie ne devrait-on
pas leur refuser le droit de succéder ? — Cet argument n'est pas décisif, parce que la corrélation
n'est pas absolue entre les deux droits. De plus,
le texte d'Anaximène, cité plus haut, est trop explicite pour qu'on puisse, sur de simples raisons
d'analogie, refuser de voir des successibles dans les
enfants du patron.

Dans les actes d'affranchissement inscrits sur les
murs du temple d'Apollon à Delphes, le patron
se réserve quelquefois expressément le droit de
succéder à son affranchi décédé sans postérité : « Si
Sarapias meurt laissant des enfants nés depuis
l'affranchissement, ces enfants recueilleront la
succession de Sarapias; mais, si Sarapias n'a pas
d'enfants, tous ses biens iront à Artoxène et à sa
postérité (2). »

(1) Démosthène, *C. Evergum et Mnesibulum*, § 70, Reiske,
1160.

(2) *Inscriptions recueillies à Delphes* par Wescher et

Pour rendre son droit de succession plus efficace, le patron faisait insérer quelquefois dans l'acte d'affranchissement une clause en vertu de laquelle les aliénations à titre gratuit consenties par l'affranchi ne pourraient pas être opposables au patron ni à sa famille (1). Quelquefois même, la défense d'aliéner était plus étendue, soit qu'elle fût conçue en termes généraux (2), soit que le patron l'appliquât textuellement à tous les modes d'aliénation,

Foucart, n° 226, lignes 26 et suiv.; cf. n° 425, l. 20; voir aussi n°ˢ 31, l. 12 ; 53, l. 14; 91, l. 8; 152, l. 5; 213, l. 13; 432, l. 10. Dans quelques-unes de ces inscriptions, le droit du patron n'est pas textuellement subordonné à l'inexistence d'enfants (n°ˢ 31, 53, 91; 152). Parfois aussi il est question seulement des droits du patron, sans allusion au droit de ses héritiers (n°ˢ 31, 91, 213, 432). Mais nous ne croyons pas que ces différences de rédaction aient eu d'importance au fond. Il nous semble : 1° que les descendants de l'affranchi ont dû toujours être préférés au patron ; 2° que, à défaut de descendants de l'affranchi, les héritiers du patron prédécédé ont dû toujours être appelés. Si on eût écarté ces derniers, qui donc aurait alors succédé à l'affranchi ? — Cependant, M. Foucart, dans son *Mémoire sur l'affranchissement des esclaves sous forme de vente à une divinité*, p. 24, interprète strictement les diverses clauses que renferment les contrats ; il croit que, si l'acte est muet sur les droits de successibilité des enfants de l'affranchi, le maître héritera à leur détriment. On peut objecter à ce savant épigraphiste que l'argumentation *a contrario*, qui sert de base à ses conclusions, cesse d'être probante lorsqu'elle conduit à des résultats qui ne sont pas en harmonie avec le droit commun.

(1) *Inscriptions recueillies à Delphes*, n° 31, l. 13; n° 91, l. 10; n° 213, l. 14; n° 226, l. 31.

(2) *Eod. loc.*, n° 19, l. 8.

quels qu'ils fussent (καθ' ὁποῖον τρόπον) (1). Il arrivait même que le patron subordonnait le maintien de l'affranchissement à l'observation de ces clauses, élevées à la hauteur de véritables conditions résolutoires (2).

Le patron et sa famille succédaient, non-seulement à l'affranchi mort sans enfants, mais encore aux enfants de l'affranchi décédé sans postérité. On lit, en effet, dans un acte d'affranchissement : « Que Callicratéia n'ait pas le droit d'aliéner ce qu'elle possède, si elle meurt sans postérité ; qu'il en soit de même pour ses enfants, s'ils meurent sans postérité (3). » Nous ne voyons pas quel intérêt le patron aurait eu à défendre aux enfants de l'affranchi de disposer librement de leur fortune, s'il n'avait pas eu l'espérance de devenir un jour leur héritier. — Quand l'affranchi laissait plusieurs enfants, le droit du patron ne s'ouvrait qu'à la mort du dernier; telle est la solution donnée par le Code civil à une hypothèse qui offre avec la nôtre de grandes analogies (4).

Dans le testament attribué à Théophraste par Diogène de Laërte, on trouve cette clause : « Pour Pompylos et pour Threptès, qui sont libres depuis longtemps et qui nous ont rendu beaucoup de services, les biens qu'ils auraient pu recevoir pré-

---

(1) *Inscriptions recueillies à Delphes*, n° 53, l. 13.
(2) *Eod. loc.*, n° 53, l. 14 ; n° 94, l. 11 ; n° 213, l. 15.
(3) *Eod. loc.*, n° 19, l. 8-10.
(4) Laurent, *Principes de droit civil*, IX, n° 168, p. 206.

cédemment, ceux qu'ils pourraient avoir acquis, et ceux que je charge actuellement Hipparque de leur remettre, c'est-à-dire deux mille drachmes, je pense qu'il faut que tous ces biens leur restent d'une manière certaine, ainsi que Mélantis et Pancréon le leur ont plusieurs fois déclaré (1)... » — Faut-il voir dans cette clause une renonciation au droit éventuel de successibilité que la famille du patron avait sur la fortune de l'affranchi ? Sans doute cette renonciation aurait tous les caractères d'un pacte sur succession non ouverte. Mais le droit attique n'avait pas prohibé les conventions sur hérédités futures (2).

§ 2.

Lɛs mêmes règles devaient être appliquées, par analogie, à la succession des métèques, que la loi assimilait souvent aux affranchis.

Le premier rang appartenait donc aux descendants du métèque. Leur droit de successibilité est implicitement attesté par une loi que cite Démosthène (3), loi qui met sur la même ligne l'épiclère étrangère et l'épiclère citoyenne. La seule différence est que l'ἐπιδικασία de la fille étrangère

(1) V, 2, 54.

(2) Isée, *De Philoctemonis hereditate*, §§ 23 et 24, Didot, p. 277.

(3) *C. Stephanum*, II, § 22, Reiske, p 1133.

appartient à la compétence de l'archonte polémarque, tandis que l'ἐπιδικασία de la fille citoyenne
rentre dans les pouvoirs de l'archonte éponyme.

Mais, si un affranchi, aux yeux de la loi civile,
n'avait pas d'autres parents que les enfants qui
étaient nés depuis son affranchissement, un métèque pouvait très-légalement avoir des ascendants
et des collatéraux. N'était-il pas juste que, à défaut
de postérité, ces parents recueillissent sa succession ? Aussi Térence nous montre un habitant
d'Andros qui est venu réclamer à Athènes la succession de sa cousine Chrysis, comme lui citoyenne
d'Andros, mais établie dans l'Attique. « Ejus
morte, dit-il, ea ad me lege redierunt bona (1). »

A défaut de parents, le patron (προστάτης) succédait (2).

(1) Térence, *Andria*, vers 800; IV, 5, 4.
(2) Meier, *De bonis damnatorum*, p. 149, croit que le patron n'était pas successible et que, à défaut de parents, les
biens du métèque étaient recueillis par le fisc comme biens
vacants : « Vacantia fuerunt meo judicio inquilinorum
absque testamentario aut legitimo herede mortuorum bona. »
M. Grasshoff, *De successione ab intestato*, p. 83, se rallie à
cet avis qui lui paraît *probabilior*. — Ne pourrait-on pas, en
faveur de notre opinion, outre l'argument d'analogie emprunté à la condition de l'affranchi, alléguer l'exemple du
droit romain? A Rome, les pérégrins entraient quelquefois
dans les liens de la clientèle pour jouir de la protection du
citoyen qu'ils choisissaient pour patron ; or, on admet généralement que ce dernier, qui ressemblait assez au προστάτης athénien, acquérait des droits de successibilité sur les
biens de son client pérégrin. Voir Cicéron, *De oratore*, I,
39, § 177.

§ 3.

Quant aux étrangers proprement dits (ξένοι), et aux νόθοι nés de l'union de deux personnes dont une seulement était citoyenne, le texte de Démosthène que nous venons de citer (1) est assez général pour qu'il soit possible de le leur appliquer. Leur succession était donc dévolue à leur postérité.

Plusieurs érudits ont cru devoir rattacher à cette succession particulière un passage d'un discours de Démosthène contre Eubulide : Ἐξὴν τελευτᾷς, εἰ νόθος ἢ ξένος ἦν ἐγώ, κληρονόμους εἶναι τῶν ἐμῶν πάντων (2). L'étranger, a-t-on dit, devait avoir pour successibles ses *cognati cives*, c'est-à-dire ceux qui étaient ses parents par le sang et qui jouissaient du droit de cité athénienne (3).

Nous ne croyons pas que telle soit la signification de ce texte. Il nous semble que l'orateur a détourné ici le mot κληρονόμοι de son acception juridique et qu'on peut résumer ainsi sa pensée : « Je viens de faire entendre comme témoins des hommes à qui mes adversaires eux-mêmes ne contestent pas le titre de citoyen. Ces témoins ont affirmé, non-seulement que mon père était leur cousin, mais encore qu'il jouissait du droit de cité (4). Anté-

(1) *C. Stephanum*, II, § 22, Reiske, p. 1135.
(2) § 53, Reiske, p. 1315.
(3) Bunsen, *De jure hereditario Atheniensium*, p. 51.
(4) *C. Eubulidem*, § 29.

rieurement ils avaient permis à mon père de se prévaloir de sa qualité de parent-citoyen pour partager avec eux le patrimoine de nos ancêtres (1), et j'ai trouvé dans la succession de mon père la part qui lui a été attribuée. Maintenant, mes adversaires disent que j'ai acheté le témoignage de ces personnes ; mais cette accusation n'est pas vraisemblable. Quel intérêt auraient-elles à se contenter de petits présents, à s'exposer aux suites d'une procédure de faux témoignage, à se parjurer, alors qu'il leur serait si facile, en disant la vérité, de s'assurer la possession de toute ma fortune et d'en jouir tranquillement, la conscience libre de tout crime ? Si, en effet, mon père et moi nous étions des étrangers, nous ne pourrions pas garder les biens de Thoucritidès, mon grand-père, et de Lysarété, mon aïeule ; nous devrions les rendre à tous ces témoins que j'ai fait entendre et qui sont, eux, de légitimes héritiers, puisqu'ils sont citoyens. L'affirmation des témoins que je suis citoyen est donc désintéressée ; car, si au lieu de me reconnaître le droit de cité, ils disaient que je suis un νόθος ou un ξένος, ils auraient le droit de recueillir la totalité de ma fortune... »

Les *cognati cives* recueilleraient alors, non pas comme héritiers de leur parent étranger, mais en vertu d'un droit préexistant, du droit qu'ils avaient d'éloigner les étrangers, même parents, du patrimoine de la famille réservé aux seuls citoyens.

(1) *Eod. loc.*, § 25.

Lorsque l'étranger ne laissait pas de parents légalement habiles à lui succéder, ses biens étaient sans doute traités comme biens vacants et recueillis par le Trésor public (1). Car la loi qui chargeait l'archonte de donner des représentants aux familles éteintes et de perpétuer ainsi leur culte domestique n'était évidemment faite que pour les citoyens.

§ 4.

RESTE l'esclave. En règle générale, l'esclave n'avait rien qui lui appartînt en propre ; tout ce qu'il possédait était la propriété de son maître. Mais quelquefois il obtenait l'autorisation de travailler pour son compte, à charge seulement de payer une redevance (ἀποφορά), et l'on admet qu'il était alors propriétaire des économies par lui faites sur ses salaires. Lorsqu'il mourait, ce petit pécule passait-il à ses enfants, comme le dit Schneider (2), ou bien était-il recueilli par le maître ?

Les textes des lois athéniennes chargeaient le maître de rendre à son esclave mort de mort violente les devoirs funéraires et de poursuivre le meurtrier (3). Bunsen en conclut que le maître

---

(1) Meier, *De bonis damnatorum*, p. 118 ; Wachsmuth, *Hellenische Alterthumskunde*, 2ᵉ édit., II, p. 177.

(2) *De jure hereditario Atheniensium*, p. 25 ; cf. Schœmann, *Attische Process*, p. 559 ; Grasshoff, *De successione ab intestato*, p. 81.

(3) Démosthène, *C. Macartatum*, § 58, Reiske, p. 1069 ;

était héritier (1). — Il est certain, pour nous, que l'obligation de venger le meurtre d'une personne était indépendante du droit de succéder, et qu'elle pesait souvent sur ceux qui n'avaient aucun droit au titre de successibles, par exemple sur des alliés. L'argument de Bunsen n'est donc pas concluant.

Et cependant nous adoptons sa conclusion : c'était le maître qui héritait. Un esclave, aux yeux de la loi, pouvait-il avoir une parenté proprement dite (2)? Entre personnes de condition servile, il n'y avait pas ordinairement de véritable mariage, ni de descendance légale (3). L'enfant pouvait connaître sa mère; mais il était bien rare que le père fût certain. Si la filiation était bien établie en fait, le lien du sang produisait sans doute certaines obligations ; l'enfant devenu libre était notamment tenu de fournir des aliments à ses père et mère demeurés esclaves ou affranchis (4). Mais on ne peut pas dire qu'il y eût parenté et droit de succession.

Antiphon, *De cæde Herodis*, § 48, Didot, p. 31 ; Isocrate, *C. Callimachum*, §§ 52 et suiv., Didot, p. 226 et suiv.

(1) *De jure hereditario Atheniensium*, p. 51.

(2) Philippi, *Areopag und Epheten*, p. 81 et 98.

(3) Démosthène, *C. Phormionem*, § 37, Reiske, 918, parle d'un certain Lampis, ayant femme et enfants, qui était esclave. Mais la lecture du discours prouve que Lampis était, non pas l'esclave, mais le représentant et tout au plus l'affranchi d'un négociant étranger. Cf. Démosthène, *Pro Phormione*, §§ 23 et suiv., Reiske, p. 953.

(4) Foucart, *Inscriptions recueillies à Delphes*, n° 43.

Notons, en outre, que les enfants nés d'une femme esclave étaient la propriété du maître de la femme, comme le croît d'un troupeau, même lorsque le père était de condition libre (1). La succession dévolue à l'enfant aurait donc toujours profité au maître.

Il ne faut jamais perdre de vue que l'esclave, aux yeux des anciens, n'était ni un homme ni une femme ; c'était une chose, tout au plus un corps masculin ou un corps féminin, σῶμα ἀνδρεῖον, σῶμα γυναικεῖον, et le maître ne se préoccupait guère de ses affections. Quelquefois, en affranchissant la mère, il donnait en même temps la liberté aux enfants (2) ; mais, souvent aussi, malgré la faveur qu'il accordait à la mère, il retenait les enfants sous sa puissance. Parfois même il stipulait que ceux qui naîtraient après l'affranchissement seraient esclaves (3) ! Comment une législation, si indifférente pour la parenté servile et ne se préoccupant que des droits du maître, aurait-elle privé le maître de la fortune de son esclave et eût-elle attribué cette fortune aux descendants de l'esclave ?

La propriété de l'esclave ne pouvait pas, d'ailleurs, être assimilée aux autres propriétés, puisqu'elle était essentiellement précaire ; le maître n'était pas tenu de la respecter (4). Une loi, qui permettait

(1) *Eod. loc.*, n° 270.
(2) *Eod. loc.*, n°ˢ 57 et 289.
(3) *Corpus inscriptionum graecarum*, n° 1608 ; Foucart, *Inscriptions de Delphes*, n° 133.
(4) Büchsenschütz, *Besitz und Erwerb*, p. 161.

à un maître de s'emparer des biens de son esclave
vivant, pouvait-elle lui refuser le droit de les
prendre au moment de la mort de l'esclave?

§ 5.

QUANT aux esclaves publics, si nombreux à
Athènes, exécuteurs des hautes-œuvres,
agents de police, employés subalternes des admi-
nistrations, etc., il est admis par tout le monde
que leur condition juridique était bien préférable
à celle des esclaves privés. On a pu, sans exagération, les assimiler presque aux métèques (1).
Ces esclaves jouissaient de toute l'indépendance
compatible avec le service qui leur était confié.
Le produit de leur travail personnel, joint aux
économies faites sur leur solde, était bien réellement leur propriété. Eschine parle d'un certain
Pittalacus, esclave de la ville, chez qui l'argent
abondait et qui se livrait à de folles dépenses (2).
Ils avaient le droit d'ester en justice pour protéger
leurs personnes ou leurs biens (3). Ils pouvaient
sans doute contracter mariage, et les enfants nés de
leur union recueillaient leur fortune.

(1) Büchsenschütz, eod. loc., p. 167.
(2) C. Timarchum, §§ 54 et suiv., Didot, p. 39.
(3) Eod. loc., § 62, Didot, p. 40.

CHAPITRE II.

DE L'ACCEPTATION DES SUCCESSIONS.

Sommaire. — § 1. Héritiers nécessaires et héritiers volontaires. — § 2. Saisine légale. — § 3. Envoi en possession. — § 4. Action en pétition d'hérédité. — § 5. Transmission de l'hérédité.

§ 1.

Nous venons de voir quelles étaient les personnes que la loi athénienne appelait, suivant les cas, à recueillir la succession d'un défunt. Nous devons maintenant rechercher quelle pouvait être l'attitude de ces personnes en face de la succession ouverte.

Jusqu'à ce jour, les historiens du droit attique étaient presque unanimes pour distinguer entre les descendants, héritiers nécessaires, auxquels l'hé-

rédité était imposée, et les autres successibles,
auxquels l'hérédité était simplement offerte, et qui
avaient le choix entre l'acceptation et la répudiation. Mais, récemment, M. R. Dareste, s'écartant
de cette doctrine traditionnelle, a soutenu qu'il
faut mettre sur la même ligne tous les successibles,
et reconnaître que les descendants, comme les
collatéraux, avaient la faculté de s'abstenir (ἐξίστιν,
ἀπεστῆναι τῶν ὄντων) (1). On peut argumenter en ce
sens d'un passage de Démosthène, dans lequel on
voit des enfants insister sur ce point qu'ils n'ont
pas vendu les biens de leur père, qu'ils n'ont pas
renoncé à la fortune qu'il leur a laissée (2), et, de
là, par argument *a contrario*, on conclura qu'ils
avaient le droit de renonciation (3). — De quel côté
se trouve la vérité ?

(1) *Les plaidoyers civils de Démosthène*, I, p. xxix. — Cf.
Schneider, *De jure hereditario Atheniensium*, p. 58, qui ne
refuse le droit de répudiation qu'aux héritiers testamentaires
et aux héritiers des débiteurs du trésor public.

(2) C. *Nausimachum*, § 7, Reiske, p. 986.

(3) La loi crétoise du Louvre, récemment expliquée par
M. Bréal (*Journal des Savants*, 1878, p. 495 et suiv.), four-
nirait un argument en faveur de la thèse de M. Dareste, si
l'on donnait au mot ἀναιρέντος le sens d'adopté entre vifs. La
loi dit, en effet : Τὸν ἀναιρέντον... μὴ ἐπάναγκον ἦμεν τέλλεν τὰ
ἀνεστραμμένα, καὶ τὰ κρέματ' ἀναιλῆσθαι ὅτινα κατ' ἂ κῖ ὁ ἀνελό-
μενος. — Si l'adopté n'est pas tenu de payer les dettes de
l'adoptant ni d'exécuter les legs faits par l'adoptant, c'est
qu'il n'est pas héritier nécessaire et qu'il peut s'abstenir (μὴ
ἐπάναγκεν). — Mais nous croyons que l'ἀναιρέντος est un héritier
institué par testament (Voir *supra*, p. 130 et suiv., note), et

Une des règles du droit attique les plus fréquemment citées par les orateurs est celle d'après laquelle le fils d'un débiteur du trésor public devenait, de plein droit, à la mort de son père, débiteur du trésor, et était, comme tel, privé, jusqu'à sa libération, de l'exercice de ses droits civils. La dégradation civique, lorsqu'elle était la conséquence de certains délits d'une gravité exceptionnelle, était également transmise, de plein droit, aux enfants du condamné.

Si le fils avait eu la faculté de renoncer à la succession de son père, ne se serait-il pas empressé d'en user, pour se soustraire aux graves déchéances résultant de la qualité d'héritier d'un débiteur du trésor public ou d'un condamné pour trahison ? Mais ce droit ne lui avait pas été accordé par le législateur ; il était contraint de rester sous le coup des incapacités qui avaient frappé son père : « La loi, dit Démosthène, établit le fils héritier de l'atimie de son père (1)... Lorsque le père est ἄτιμος, le fils doit hériter de son atimie (2). »

Non-seulement le fils d'un ἄτιμος ne pouvait pas,

cet héritier testimentaire a certainement, malgré la contradiction de M. Schneider, le droit de ne pas répondre à l'appel du défunt. La loi crétoise n'a donc pas en vue l'hypothèse que nous examinons, et elle ne peut pas nous être opposée (Cf. *Revue archéologique*, 1878, t, XXXVI, p. 355 et suiv.).

(1) Κληρονόμον γὰρ σε καθίστησιν ὁ νόμος τῆς ἀτιμίας τῆς τοῦ πατρός. Démosthène, *C. Androtionem*, § 34, Reiske, p. 604.

(2) Μέλλων κληρονομήσειν τῆς ἀτιμίας, ἂν ὁ πατήρ τι πάθῃ. Démosthène, *C. Timocratem*, § 201, Reiske, p. 762.

après la mort de son père, répudier sa succession
et se dérober à l'atimie, mais même, pendant la
vie du père, lorsque la succession n'était pas encore
ouverte, le fils ne pouvait pas conjurer le danger
qui le menaçait en sortant de sa famille naturelle
et en entrant dans une autre famille. La loi déclarait nulle l'adoption du fils d'un ἄτιμος. Quelquefois
même elle édictait l'atimie contre le citoyen qui ne
tenait pas compte de la prohibition et consentait à
admettre dans sa maison l'héritier présomptif d'un
condamné (1).

Aussi les anciens nous disent-ils que, lorsqu'un
père était à la veille d'encourir l'atimie, il se hâtait
de faire sortir son fils de sa famille et de l'introduire dans la famille d'un citoyen plus heureux.
« Beaucoup de pères, dit un grammairien, lorsqu'ils se sont rendus coupables de vols dans l'exercice de leurs magistratures, et qu'ils craignent de
succomber dans la reddition de leurs comptes, font
sortir leurs enfants de leurs familles (2). » Isée
n'est pas moins explicite : « Les citoyens, lorsque
leurs affaires tournent mal, font entrer par adoption leurs enfants dans des familles étrangères, afin
de les mettre à l'abri de l'ἀτιμία qui va atteindre
leur père (3). »

Mais, lorsqu'une fois l'atimie avait été encourue,

(1) Plutarque, *Vita X oratorum*, Antipho, § 28, Didot,
p. 1016.
(2) Bekker, *Anecdota græca*, I, p. 247, l. 11 et suiv.
(3) Isée, *De Aristarchi hereditate*, § 17, Didot. p. 307.

il n'y avait plus de remède possible ; le fils était
soumis à l'ἀτιμία, qui le frappait dès le moment de
la mort de son père.

Ce que nous disons du fils était également vrai
des autres descendants, du petit-fils notamment :
« L'aïeul, dit Démosthène, a été jadis débiteur du
trésor public ; la loi ordonne que le petit-fils hérite
de son aïeul : Τῷ νόμῳ κελεύοντι κληρονομεῖν τὸν
πάππον (1). »

Le texte du discours de Démosthène contre Nau-
simaque doit être ainsi interprété : « Au moment
de la transaction qui intervint entre eux et leurs
tuteurs, nos adversaires n'ont pas entendu vendre
les biens de leur père ; ils n'ont pas voulu faire
l'abandon de leur fortune à leurs anciens tuteurs
(οὐκ ἀποστῆναι τῶν ὄντων). » — Ce texte est donc
étranger au sujet qui nous occupe ; il n'a pas trait
aux répudiations de succession.

Quant aux autres successibles, ils étaient libres,
suivant qu'ils le jugeaient convenable, d'accepter
l'hérédité ou d'y renoncer (τῆς κληρονομίας ἀφίστασ-
θαι) (2). Un frère, par exemple, pouvait déclarer
qu'il répudiait la succession de son frère.

Mais, pour la validité de cette renonciation, il
fallait que le successible n'eût pas déjà manifesté,
expressément ou tacitement, la volonté d'être héritier. Car l'acceptation était irrévocable : *semel heres*,

(1) Démosthène, *C. Theocrinem*, § 17, Reiske, p. 1326.
(2) Démosthène, *C. Lacritum*, argumentum, § 1, Reiske,
p. 923, et § 11, R., p. 939.

semper heres. « Vous possédez les biens de votre frère, dit Démosthène, vous en disposez à votre gré; il n'y a pas de loi qui vous permette maintenant de dire que vous ne voulez pas être héritier et que vous répudiez la succession (1). »

Cette distinction des héritiers en nécessaires et volontaires avait, dans la pratique, des conséquences importantes, analogues à celles qu'elle produisait en droit romain.

Lorsque le défunt laissait des enfants légitimes (2), ou des enfants adoptés entre vifs (3), ces enfants, héritiers nécessaires, pouvaient, aussitôt après l'ouverture de la succession, sans formalité, sans intervention de magistrat, se mettre en possession des biens de leur père. Ils étaient, en effet, saisis de plein droit, et aucune raison ne pouvait être invoquée pour les soumettre à la procédure de l'ἐμβάτευσις. — Au contraire, les autres héritiers, parmi lesquels on rangeait les enfants adoptés par acte de dernière volonté (4), dans lesquels on ne peut voir que des héritiers institués, n'avaient pas la saisine légale. Avant de prendre possession des biens héréditaires, ils devaient s'adresser aux magistrats compétents et se faire autoriser par eux à appréhender l'hérédité (ἐπιδικάζεσθαι) (5). La suc-

(1) Démosthène, *C. Lacritum*, § 4, Reiske, p. 924.
(2) Isée, *De Pyrrhi hereditate*, § 60, Didot, p. 257.
(3) Démosthène, *C. Leocharem*, § 19, Reiske, p. 1086.
(4) Isée, *De Pyrrhi hereditate*, § 60, Didot, p. 257 et suiv.
(5) Isée, *De Pyrrhi hereditate*, § 59, Didot, p. 257.

cession échue à des héritiers nécessaires était dite ἀναγκαία (1); échue à des héritiers volontaires, elle s'appelait ἑκούσιος.

§ 2.

Nous disons d'abord que l'héritier nécessaire pouvait se mettre directement et de sa propre autorité en possession des biens de son père (ἐμβατεύειν εἰς τὴν οὐσίαν, βαδίζειν εἰς τὰ πατρῷα) (2).

Si, dans l'exercice de ce droit, il rencontrait des obstacles de fait, parce qu'un tiers s'était injustement emparé des biens ou essayait de se substituer par la violence au maître légitime, l'héritier pouvait agir par la δίκη ἐξούλης. Dans le cas où le successible était un mineur ou une femme, l'auteur de la violence s'exposait même à une action publique, l'εἰσαγγελία κακώσεως, qui menaçait gravement l'usurpateur dans sa personne et dans ses biens (3).

Lorsque l'empêchement à la prise de possession par l'héritier nécessaire venait de ce qu'une personne contestait juridiquement ses droits, l'héritier pouvait opposer à son adversaire une fin de non-recevoir, la διαμαρτυρία μὴ ἐπίδικον εἶναι τὸν κλῆρον (4).

(1) Isée, *De Cironis hereditate*, § 34, Didot, p. 295.

(2) Isée, *De Pyrrhi hereditate*, § 62, Didot, p. 258; *De Astyphili hereditate*, § 3, Didot, p. 298.

(3) Isée, *De Pyrrhi hereditate*, § 62, Didot, p. 258.

(4) Isée, *De Philoctemonis hereditate*, § 4, Didot, p. 274.

Cette fin de non-recevoir, son nom même l'indique, devait être appuyée par des témoignages (1). Mais, chose curieuse, bien que, rationnellement, nul ne puisse être témoin dans sa propre cause, le témoignage de l'héritier lui-même et celui de son représentant légal avaient paru suffisants pour la validité de l'attestation. — L'héritier consignait en même temps une somme d'argent (παρακαταβολή) égale au dixième de la valeur de l'hérédité en litige.

Le tiers auquel la ἐπιμαρτυρία était ainsi opposée n'avait qu'un seul moyen d'en triompher : prouver la fausseté des témoignages et intenter contre les témoins la ψευδομαρτυριῶν δίκη. S'il triomphait dans cette action, il gagnait la παρακαταβολή déposée par son adversaire; puis les tribunaux examinaient les droits respectifs des parties. Mais aussi, s'il succombait, il devait payer à l'héritier, qui recouvrait la παρακαταβολή, une indemnité, dans le cas au moins où il n'obtenait pas le cinquième des suffrages de ses juges, et cette indemnité (ἐπωβελία) était tarifée au sixième de la valeur de la succession. — Si le tiers n'osait pas suivre cette voie périlleuse, il était obligé de se désister de ses prétentions et de laisser l'héritier s'emparer librement de la succession.

Ce que nous venons de dire du fils était également vrai de tous les héritiers nécessaires, enfants adoptés entre vifs, petits-enfants, arrière-petits-

---

(1) Isée, *De Apollodori hereditate*, § 3, Didot, p. 283.

enfants. Tous pouvaient user de la ἐπιμαρτυρία μὴ ἐπίδικον εἶναι τὸν κλῆρον (1).

§ 3.

Les héritiers, qui n'étaient ni des descendants légitimes ni des fils adoptifs dont l'adoption avait eu lieu entre vifs, ne pouvaient pas, de leur autorité privée, se mettre en possession de l'hérédité. Ils devaient toujours s'adresser au magistrat compétent, c'est-à-dire à l'ἄρχων, s'il s'agissait de la succession d'un citoyen ; au polémarque, s'il s'agissait de la succession d'un métèque ou d'un étranger (2). L'hérédité était alors appelée ἐπίδικος, et l'un des principes les plus certains du droit attique était que l'autorité judiciaire devait statuer préalablement à toute main-mise sur une succession ἐπίδικος : Οὐ δεῖ τὴν ἐπίδικον κρατεῖσθαι κλῆρον πρὸ δίκης.

La demande d'envoi en possession, appelée λῆξις ou ἐπιδικασία τοῦ κλήρου, pouvait être adressée à l'archonte à toutes les époques de l'année, si ce n'est pendant le mois de skirophorion (3), qui correspondait à peu près à notre mois de juin et qui était le dernier des mois de l'année attique.

---

(1) Isée, *De Cironis hereditate*, § 34, Didot, p. 296 ; cf. Bekker, *Anecdota græca*, I, 184, l. 1.

(2) Pollux, *Onomasticon*, VIII, 89.

(3) Démosthène, *C. Stephanum*, II, § 22, Reiske, p. 1136. Sur le sens de cette loi, voir Schœmann, *Attische Process*, p. 610 et suiv.

Le magistrat portait la λῆξις à la connaissance du public, en la faisant inscrire par son greffier sur le tableau blanchi (σανίς, λεύκωμα), qui était placé dans la salle où il donnait ses audiences. Pour mieux encore avertir les intéressés et les mettre en demeure de faire valoir leurs droits, un héraut donnait lecture de la demande dans la première assemblée du peuple (κυρία ἐκκλησία) (1) et invitait ensuite (2) tous ceux qui voulaient contester cette demande à faire valoir leurs droits : Εἴ τις ἀμφισβητεῖν ἢ παρακαταβάλλειν βούλεται τοῦ κλήρου τοῦ Δ... ἢ κατὰ γένος ἢ κατὰ διαθήκας (3).

Si, dans un délai déterminé, personne ne se présentait pour contester la demande, le magistrat

(1) Pollux, *Onomasticon*, VIII, 95.

(2) Les auteurs ne sont pas d'accord sur le moment précis où cette formalité était accomplie. Les uns disent qu'elle avait lieu dans la κυρία ἐκκλησία au moment même de la lecture de la λῆξις (de Boor, p. 91; Schneider, p. 49). D'autres pensent qu'elle était différée à un autre jour fixé par la loi ou convenu entre le magistrat et le postulant (Meier, *Attische Process*, p. 463). Il est permis d'hésiter entre ces deux opinions; mais c'est à la seconde que nous nous sommes attaché, *suprà*, ch. I, sect. I, § 7, p. 41. Dans tous les cas, il faut au moins rejeter l'opinion de ceux qui croient que la proclamation avait lieu après l'adjudication de l'hérédité par le magistrat (Voir Schœmann, *De comitiis*, p. 287; Bunsen, p. 91). Il faut également repousser l'explication de Wachsmuth, *Hellenische Alterthumskunde*, 2e édit., II, p. 77, qui croit que, dans la κυρία ἐκκλησία, les magistrats annonçaient au peuple les successions qui s'étaient ouvertes depuis la séance précédente.

(3) Démosthène, *C. Macartatum*, § 5, Reiske, p. 1051.

adjugeait la succession au postulant (ἐπιδικάζειν τὸν κλῆρον) (1).

Mais de nombreux témoignages prouvent que les contestations étaient fréquentes, et elles pouvaient se produire, soit par voie d'ἀμφισβήτησις, soit par voie de παρακαταβολή (2).

La procédure par ἀμφισβήτησις était la plus facile. L'opposant n'était pas soumis à la nécessité de consigner dès le début une forte somme d'argent, et il ne s'exposait pas, en cas d'insuccès, à de bien

(1) Démosthène, *C. Olympiodorum*, § 26, Reiske, p. 1174. — D'un fragment de la loi crétoise du Louvre (Voir *suprà*, p. 130, et *Revue archéologique*, t. XXXVI, p. 346 et suiv.) on pourrait conclure que l'héritier institué et les autres héritiers soumis à la nécessité de l'envoi en possession n'obtenaient cet envoi qu'après avoir acquitté les dettes et les legs. « L'ἐπίδικος, dit cette loi, n'est pas obligé de payer les dettes de l'ἐπικλήρου ni d'exécuter ses volontés relativement aux biens ; mais, ajoute la loi, πρὶν ἂν τὴν ἐπιδικίαν μὴ ἐπαινῆ ; l'ἐπίδικος ne peut auparavant faire adition. » — Nous croyons que cette interprétation serait exagérée. Avec quels biens l'héritier ferait-il face aux charges de la succession, dettes et legs, si l'acquittement de ces charges devait précéder son entrée en possession ? Tout au plus pourrait-on, avant d'adjuger l'hérédité, exiger du prétendant l'engagement solennel de payer les dettes et les legs du défunt.

(2) La question de savoir quelles différences existaient entre l'ἀμφισβήτησις et la παρακαταβολή est une des plus obscures du droit attique. Nous exposerons simplement ici, pour ne pas compliquer à l'excès notre étude, l'opinion qui nous paraît la plus sûre. Le lecteur qui voudrait se renseigner sur l'état de la controverse trouvera les indications nécessaires dans notre article Ἀμφισβήτησις du *Dictionnaire des antiquités grecques et romaines*.

graves pénalités ; — tandis que la procédure par
παρακαταβολή obligeait l'opposant à consigner une
somme égale au dixième de la valeur de la succession en litige, somme qui était perdue pour lui
s'il venait à succomber.

Aussi, l'opposant, en choisissant la voie de la
παρακαταβολή, prouvait qu'il avait une grande confiance dans son droit et qu'il regardait comme assuré
le succès de sa cause. Celui qui n'aurait pas eu presque la certitude de réussir se serait-il exposé à de
pareils risques? Une sorte de préjugé s'établissait
donc en faveur de l'opposant, et l'on disait à son
adversaire, le postulant primitif : « Prouvez que,
vous aussi, vous avez confiance dans votre bon droit;
consignez une somme égale à celle que l'opposant
a versée, somme qui sera également perdue pour
vous si votre demande est rejetée. » — Le refus de
déposer la παρακαταβολή équivalait à un désistement.

Quand le litige s'engageait, il y avait διαδικασία
τοῦ κλήρου. L'archonte instruisait le procès, et,
lorsque l'instruction était terminée, il portait le
débat devant un tribunal d'héliastes. La seule par-
ticularité qui mérite d'être notée, comme différen-
ciant ce procès des procès ordinaires, c'est qu'il n'y
avait, à proprement parler, ni demandeur ni défendeur. Aussi donnait-on indifféremment le nom
d'ἀντιγραφή à l'action de chacune des deux parties,
bien que ce mot, d'après son étymologie, ne con-
vienne qu'à l'action du défendeur (1).

(1) Harpocration, s. v. ἀντιγραφή, édit. Bekker, p. 22. Voir

Le temps pendant lequel les divers prétendants
pouvaient parler devant le tribunal était rigoureusement limité par la clepsydre. Dans le procès sur
la succession d'Hagnias, l'archonte, nous dit Démosthène, accorda à chacune des parties une amphore d'eau pour son plaidoyer principal, et trois
conges, c'est-à-dire une demi-amphore, pour la
réplique (1).

Ces mesures étaient-elles applicables à tous les
procès de succession, ou bien, au contraire, le
magistrat pouvait-il tenir compte des circonstances
particulières de chaque espèce et diminuer ou augmenter la quantité d'eau versée dans la clepsydre ?
— Il semble bien résulter du texte de Démosthène
« qu'il y avait obligation pour l'archonte d'accorder
une amphore à chaque prétendant pour son premier
discours et trois conges pour le second. »

N'est-il pas cependant étrange que le législateur
ait, à l'avance, mis sur la même ligne, pour la
durée des plaidoyers, toutes les διαδικασίαι héréditaires, sans permettre de faire aucune attention à
leur complication ou à leur importance ? Aussi de
Boor donne-t-il des expressions de l'orateur ἐξ
ἀνάγκης ἐν τῷ ἄρχοντι une autre explication. Pour
lui, elles signifient seulement que l'archonte était

les textes cités par Schœmann, *Attische Process*, p. 629. —
Nous ne signalons pas une autre différence indiquée par les
auteurs, l'absence de ἀνάκρισις (Schœmann, *Attische Process*, p. 592); il est évident, en effet, que la ἀνάκρισις était
incompatible avec la procédure spéciale de l'ἐμβατεία.

(1) *C. Macartatum*, § 8, Reiske, p. 1052.

obligé d'attribuer à tous les prétendants dans le même procès des mesures d'eau parfaitement égales. L'orateur se plaint de n'avoir pu à son aise exposer le litige et réfuter les argumentations de ses adversaires; il n'a eu qu'un cinquième du temps fixé pour les plaidoiries, tandis que les autres prétendants, se prêtant un mutuel appui, ont donné à l'attaque quatre fois plus de temps qu'il n'en a eu pour se défendre. Il ne reproche rien au magistrat, car celui-ci était forcé d'agir comme il l'a fait et de donner à tous la même mesure. — Le passage de Démosthène pourrait signifier encore que, si l'archonte avait accordé une amphore pour le plaidoyer, il devait légalement accorder trois conges pour la réplique. « Mais, ajoute de Boor, l'archonte avait le droit de fixer à sa guise, en tenant compte des difficultés du litige, la durée du premier discours (1). »

Cette interprétation est très-raisonnable. Mais se concilie-t-elle bien avec le texte de Démosthène? L'orateur ne dit-il pas expressément : « Il y avait obligation pour l'archonte d'accorder une amphore à chacun... ? »

Le même passage de Démosthène peut nous causer une autre surprise. Nous y voyons, en effet, que l'attribution d'une amphore avait lieu par tête de plaideur et non par intérêt distinct (2). Dans le

(1) *Das attische Intestat-Erbrecht*, p. 102 ; cf. Schneider, *De jure hereditario Atheniensium*, p. 57 et suiv.

(2) De Boor, *Das attische Intestat-Erbrecht*, p. 102 et suiv.

procès sur la succession d'Hagnias, il y avait cinq
prétendants ; mais deux d'entre eux avaient le
même intérêt et invoquaient les mêmes moyens.
Les juges n'avaient donc à statuer que sur quatre
prétentions (1), et cependant l'archonte accorda
cinq amphores (2). — Les plaideurs dont l'intérêt
était identique jouissaient par conséquent du privilége de donner plus de développements à leurs
discours. Ils pouvaient se partager les moyens dont
ils disposaient, et consacrer à chacun d'eux un
temps égal à celui que leurs adversaires avaient
pour l'exposé de la totalité de leurs droits.

Lorsque les plaidoiries étaient terminées, le ma-
gistrat-directeur invitait les juges à faire connaitre
leur avis. Des urnes (καδίσκοι), en nombre égal à
celui des plaideurs ayant un intérêt distinct, étaient
placées devant le tribunal. « Quand, dit Isée, plusieurs plaideurs ont le même intérêt, il n'y a pour
eux tous qu'une seule urne, de telle façon qu'il
est impossible que l'un soit vaincu tandis que
l'autre est vainqueur; ils doivent nécessairement
avoir le même sort (3). » Au contraire, quand les
intérêts sont distincts, chaque partie a son urne
particulière (4). Ainsi, dans le procès sur la succession d'Hagnias, cinq personnes prétendaient à
l'hérédité, mais deux d'entre elles avaient un

(1) Démosthène, *C. Macartatum*, § 10, Reiske, p. 1053.
(2) *Eod. loc.*, §§ 8 et 9, Reiske, p. 1052.
(3) *De Hagniæ hereditate*, § 21, Didot, p. 313.
(4) Isée, *eod. loc.*

intérêt identique ; quatre urnes seulement furent présentées aux juges (1).

M. Schœmann fait remarquer que deux modes de vote étaient possibles. Ou bien les juges recevaient autant de pierres qu'il y avait d'urnes, une seule de ces pierres étant blanche ou pleine, les autres étant noires ou percées ; chaque juge mettait la pierre blanche ou pleine dans l'urne de la partie qui lui semblait avoir pour elle le bon droit ; puis il jetait les pierres noires ou percées dans les autres urnes ; — ou bien chaque juge n'avait qu'une seule pierre qu'il plaçait dans l'urne de la partie à laquelle il accordait la victoire (2).

L'éminent auteur pense que le premier de ces modes a pour lui la vraisemblance, et nous sommes forcé d'avouer qu'il donne complète satisfaction au principe du scrutin secret, en vigueur dans les tribunaux athéniens. Mais ne peut-on pas objecter un texte de Démosthène ? L'orateur, parlant du procès sur la succession d'Hagnias, dit que, dans l'urne de Théopompe, on trouva quelques pierres, deux ou trois, de plus que dans l'urne de Phylomaque (3). Si l'on eût suivi la marche indiquée par M. Schœmann, le nombre des pierres eût été

(1) Démosthène, *C. Macartatum*, § 10, Reiske, p. 1053. V. sur ce fait, qui a été controversé, Platner, *Process und Klagen*, II, p. 315 ; Schœmann, *Ad Isæum*, p. 466 et suiv. ; de Boor, *Attische Intestat-Erbrecht*, p. 103 et suiv.

(2) *Attische Process*, p. 724.

(3) Démosthène, *C. Macartatum*, § 10, Reiske, p. 1053.

le même dans toutes les urnes, et Démosthène,
pour s'exprimer clairement, aurait dû dire : On
trouva plus de pierres blanches ou entières dans
une urne que dans l'autre. Les termes employés
par l'orateur se concilient mieux, à notre avis, avec
la seconde méthode décrite par M. Schœmann.

§ 4.

Le prétendant, qui avait obtenu l'envoi en possession à la suite d'une simple ἐπιδικασία ou
même d'une διαδικασία, n'était pas assuré de con-
server la succession du défunt. Malgré l'adjudication
prononcée en sa faveur, toute personne qui croyait
avoir des droits préférables aux siens pouvait agir
par une action que nous appellerons pétition d'hérédité. Une des lois qui nous ont été conservées
dans le discours de Démosthène contre Macartatos
dit : « Si une personne veut réclamer une succession déjà adjugée, elle doit assigner l'envoyé en
possession à comparaître devant l'archonte, ainsi
que cela a lieu dans les autres actions. Le revendiquant déposera la παρακαταβολή (somme égale au
dixième de la valeur du litige). Si la demande est
formée sans assignation, elle sera sans effet. Quand
l'envoyé en possession sera mort, le revendiquant
pourra assigner son héritier, pourvu que la prescription ne soit pas encore accomplie en faveur de
celui-ci. L'action intentée contre le possesseur
actuel devra être semblable à celle qui eût été

intentée contre l'envoyé en possession, dont le défendeur occupe maintenant la place (1). »

Que la pétition d'hérédité fût possible d'abord de
la part de toute personne qui n'avait pas figuré
dans la procédure d'envoi en possession, cela est
d'évidence. Comment une διαδικασία, à laquelle le
réclamant était resté étranger, aurait-elle pu établir
un préjugé contre lui ? — Isée veut montrer aux
Athéniens que, dans le doute, les juges doivent se
prononcer plutôt pour les héritiers qui se fondent
sur leur parenté que pour ceux qui invoquent un
testament (2) : « Lorsque vous donnez gain de
cause à un héritier qui se prévaut de son titre de
parent, les droits de tous les autres parents sont
sauvegardés. Ceux qui croient que leur parenté
leur attribue des droits supérieurs à ceux du vainqueur pourront plus tard lui enlever la succession.
Lors, au contraire, que vous vous prononcez pour
celui qui invoque un testament, vous écartez à la
fois tous les parents ; car il ne leur servirait à rien
de venir ensuite établir une parenté plus ou moins
rapprochée avec le défunt ; ils seront toujours
primés par l'héritier testamentaire ; leur seule
ressource sera de faire tomber le testament en
prouvant qu'il est nul ou supposé. »

La pétition d'hérédité pouvait encore être formée
par celui qui avait succombé dans la première
διαδικασία, lorsqu'il invoquait à l'appui de sa pré-

(1) C. *Macartatum*, § 16, Reiske, p. 1054.
(2) Isée, *De Nicostrati hereditate*, § 25, Didot, p. 264.

tention une cause nouvelle, sur laquelle les juges n'avaient pas eu à statuer. Ainsi un plaideur, qui avait agi d'abord comme successible *ab intestat* et qui avait échoué, pouvait plus tard agir comme héritier testamentaire, sans que l'exception de chose jugée lui fût opposable (1). On pouvait dire alors qu'il n'y a pas identité de cause entre les deux actions, et c'est un principe de droit encore en vigueur que l'autorité de la chose jugée n'existe que relativement aux causes qui ont été proposées; celles qui n'ont pas été soumises aux premiers juges peuvent être invoquées dans une nouvelle instance. Ainsi Glaukos et Glaukon, qui avaient réclamé la succession d'Hagnias en se fondant sur un testament et qui avaient succombé, vinrent plus tard réclamer la même succession comme héritiers *ab intestat*, et l'archonte ne leur opposa aucune fin de non-recevoir (2).

Mais la nouvelle action eût-elle été admissible de la part du même plaideur, si la cause eût été identique? — M. Heffter répond que, sans aucun doute, la loi de Solon ne permettait pas à celui qui avait échoué de recommencer le débat contre le même adversaire, en se fondant sur la même cause; mais il ajoute aussitôt qu'une jurisprudence constante, attestée par plusieurs exemples, autorisait ces nouveaux litiges (3).

(1) Voir Démosthène, *C. Macartatum*, §§ 4, 7 et 8, Reiske. p. 1051-1052.

(2) Démosthène, *cod. loc.*

(3) *Athenæische Gerichtsverfassung*, p. 341.

Cette jurisprudence, que M. Heffter qualifie lui-même d'étrange et de manifestement illégale, a-t-elle réellement existé? Elle ne résulte pas au moins des exemples cités par le savant professeur. Dans le discours contre Macartatos et dans le discours sur la succession d'Hagnias, on rencontre bien deux fois les mêmes prétendants, mais il y a diversité de causes. Glaukos et Glaukon, vaincus comme héritiers testamentaires, reviennent à la charge comme héritiers *ab intestat*. — Phylomaque, dont les prétentions ont été repoussées par un tribunal arbitral, plaide plus tard pour la même succession devant un tribunal d'héliastes ; mais ne peut-on pas soutenir que les héliastes sont saisis comme juges d'appel autorisés à réformer la sentence de l'arbitre (1)? — Enfin, dans le plaidoyer contre Olympiodore, les prétendants se sont désistés lors du premier débat; il n'y a donc pas eu de jugement rendu contre eux, et, par conséquent, lorsqu'ils reproduisent la cause qu'ils ont précédemment invoquée, mais qu'ils ont bientôt abandonnée, on ne peut pas les repousser par l'exception de chose jugée.

L'action en pétition d'hérédité se prescrivait par cinq ans : Ὁ νόμος πέντε ἐτῶν κελεύει ἐπιδικασθῆναι τοῦ κλήρου (2). La seule difficulté est de fixer le point de départ de ce délai.

L'orateur Isée nous dit expressément que les

---

(1) Voir toutefois Hudtwalcker, *Diäteten*, p. 121, note.
(2) Isée, *De Pyrrhi hereditate*, § 58. Didot, p. 257.

cinq ans commençaient à courir ἐπειδὰν τελευτήσῃ ὁ
κληρονόμος (1); c'est-à-dire que la prescription était
suspendue pendant la vie du premier envoyé en
possession et qu'elle ne courait qu'après sa mort,
au profit de ses représentants.

Mais cette solution est contraire à tous les principes du droit. Pourquoi ceux qui croient avoir des
droits sur l'hérédité n'agiraient-ils pas pendant la
vie de l'envoyé en possession? Et, s'ils peuvent
agir, il n'y a pas de motifs qui légitiment en leur
faveur une suspension de prescription. Aussi Reiske
et Platner ont proposé de corriger le texte d'Isée
par la substitution du mot κληρωθέντος au mot κληρονόμος, ce qui leur a permis de dire que le délai de
cinq ans courait à partir de la mort du *de cujus* (2).
Telle est aussi l'opinion de M. Télfy : « *Petens
hereditatem alicujus intrà quinquennium ab ejus
excessu petat* (3). »

Cette explication nous parait inconciliable avec
les nombreux exemples que nous offrent les plaidoyers. — L'orateur qui plaide sur la succession
d'Aristarque sent bien que plusieurs de ses audi-
teurs se demandent pourquoi il est resté si longtemps sans attaquer l'envoyé en possession : « Vous
ne devez pas, leur dit-il, vous occuper de savoir
si nous agissons plus ou moins tard; notre inaction

(1) *Eod. loc.*
(2) Platner, *Process und Klagen*, II, p. 317 et suiv.
(3) *Corpus juris attici*, n° 1533, p. 405; cf. Müller, *Oratores attici*, I, p. 257.

ne suffit pas pour nous faire perdre notre procès. Vous devez seulement examiner si notre pétition est bien fondée (1). » — Xénoclès réclame la succession de Pyrrhus vingt ans après la mort du *de cujus*, et aucune fin de non-recevoir fondée sur la prescription ne lui est opposée (2). — Il y a vingt-deux ans que Dicæogène est mort, lorsque ses neveux prétendent à sa succession (3). — Enfin, le discours sur la succession d'Archiadès a été prononcé lorsque l'envoyé en possession détenait les biens depuis beaucoup d'années (4).—Tous ces faits ne prouvent-ils pas que l'action en pétition d'hérédité ne se prescrivait pas pendant la vie du premier héritier ?

Le texte de loi conservé dans le discours de Démosthène contre Macartatos n'est guère moins décisif : « Si quelqu'un veut agir en pétition d'hérédité contre celui qui a été envoyé en possession, qu'il ajourne cet envoyé à comparaître devant l'archonte, ainsi que cela a lieu dans les autres

(1) Isée, *De Aristarchi hereditate*, §§ 18 et 21, Didot, p. 3o8.
(2) Isée, *De Pyrrhi hereditate*, § 57, Didot, p. 257.
(3) Isée, *De Dicæogenis hereditate*, §§ 7 et 35 combinés, Didot, p. 266 et 271.
(4) Démosthène, *C. Leocharem*, § 20, Reiske, 1087.— De Boor, *Attische Intestat-Erbrecht*, trouve un autre exemple dans le discours contre Macartatos. Le *de cujus*, dit-il, était mort avant 361 (p. 110), et l'envoyé en possession est encore troublé en 343 (p. 141), par conséquent plus de dix-huit ans après le décès du *de cujus*. Mais les deux dates alléguées peuvent être l'une et l'autre contestées. Voir Schæfer, *Demosthenes und seine Zeit*, III, 2, p. 235.

actions... Si l'envoyé en possession est mort, que
la demande soit formée contre les héritiers en suivant les mêmes règles, pourvu que la prescription
ne soit pas encore accomplie (1)... » L'antithèse
n'est-elle pas frappante? Lorsque l'action est dirigée contre l'envoyé en possession, la loi ne
suppose pas qu'une prescription puisse être opposée
au demandeur. Si, au contraire, la pétition se produit après le décès de l'envoyé en possession, il se
peut que le réclamant soit écarté par une fin de
non-recevoir tirée de la prescription.—Nous tenons
donc pour exact le texte d'Isée (2).

Nous n'essaierons pas de justifier la solution
adoptée par le législateur athénien. Toutes les
explications qui ont été fournies jusqu'ici sont
vraiment inacceptables. Peut-on sérieusement dire,
avec Hermann (3), que le premier héritier, parce

(1) Démosthène, *C. Macartatum*, § 16, Reiske, p. 1054
et suiv. — Platner, *Process und Klagen*, II, p. 328, pour
mettre cette loi d'accord avec sa doctrine, est obligé de
traduire ainsi le dernier paragraphe : « L'action sera possible
contre les héritiers de l'envoyé en possession, pourvu que
l'envoyé soit mort avant que la prescription n'ait été accomplie, c'est-à-dire dans les cinq ans qui ont suivi le décès du
de cujus. »

(2) Voir notre *Étude sur la prescription à Athènes*, 1869,
p. 13 et suiv. Aux auteurs que nous avons cités, on peut encore ajouter Meier et Schœmann, *Attische Process*, p. 467
et 636 ; de Boor, *Attische Intestat-Erbrecht*, p. 110 et suiv.;
Wachholtz, *De litis instrumentis in Demosthenis quæ fertur
oratione in Macartatum*, Kiel, 1878, p. 33.

(3) *Griechische Privatalterthümer*, 2ᵉ édit., § 71, 6.

qu'il possède au mépris de droits supérieurs aux siens, doit toujours être considéré comme un possesseur de mauvaise foi ? Mais on serait autorisé à tenir le même langage en parlant de ses continuateurs, qui, eux aussi, possèdent au détriment du véritable héritier. En généralisant l'idée d'Hermann, on arriverait à empêcher toute prescription. — De Boor n'a pas été mieux inspiré lorsqu'il a écrit : « La solution de Platner conduirait à des injustices; car celui à qui la succession serait adjugée peu de temps après la mort du *de cujus* resterait exposé aux attaques jusqu'à la fin des cinq ans, tandis que celui qui obtiendrait l'hérédité au moment où le délai de cinq ans expire, serait immédiatement à l'abri de toute attaque. En décidant, au contraire, que les héritiers du premier envoyé en possession peuvent être actionnés pendant cinq ans, la loi fait à tous une situation parfaitement égale (1). » — De pareils raisonnements sont destructifs de toute idée de prescription.

L'ardeur des convoitises, le désir d'obtenir au moins une part des successions litigieuses, peuvent seuls expliquer les traités, plus ou moins honnêtes, qui intervenaient entre les prétendants et dont les orateurs nous offrent plusieurs exemples. Callistrate et Olympiodore soutiennent contradictoirement qu'ils sont héritiers de Conon. Lorsqu'ils ont bien discuté leurs titres, ils finissent par transiger et conviennent que chacun d'eux prendra la moitié

(1) *Ueber das attische Intestat-Erbrecht*, p. 111.

de la succession (1). Ils s'engagent, par écrit et sous la foi des serments les plus solennels, à partager, loyalement et selon l'équité, les biens déjà connus, de telle façon que la part de l'un ne soit pas plus forte que la part de l'autre. Ils s'obligent aussi à rechercher et à recouvrer en commun les biens dont ils n'ont pas encore connaissance, et promettent de se concerter toutes les fois que cela sera nécessaire (2). Bientôt des prétentions rivales surgissent. Les deux associés, par mesure de prudence, se désistent momentanément, et l'archonte adjuge la succession aux nouveaux venus (3). Olympiodore et Callistrate se décident plus tard à attaquer les envoyés en possession. Mais, pour augmenter leurs chances de succès, ils ne réunissent pas leurs efforts ; ils agiront l'un après l'autre, isolément, sauf à partager le profit ; de cette façon, la défaite de l'un n'empéchera pas l'autre de se plaindre et d'obtenir peut-être gain de cause (4). Olympiodore plaide le premier ; il dit tout ce qu'il lui plaît de dire ; il produit de faux témoignages ; il ne ménage personne, pas même Callistrate, qui garde prudemment le silence parce qu'il se croit intéressé à la victoire de son associé. Le succès couronne de tels efforts et Olympiodore gagne son procès. Aussitôt Callistrate arrive et, en vertu de

(1) Démosthène, *C. Olympiodor m*, § 8, Reiske, p. 1169.
(2) *Eod. loc.*, § 9.
(3) *Eod. loc.*, § 26, Reiske, p. 1174.
(4) *Eod. loc.*, § 29, Reiske, p. 1175.

la convention, demande à partager. Le vainqueur refuse. Callistrate se plaint amèrement. Fidèle à ses engagements, il a laissé Olympiodore plaider tout ce qui pouvait assurer sa victoire ; il n'a protesté ni haut ni bas contre les affirmations les plus mensongères ; il n'a pas donné de démenti aux faux témoins qui les appuyaient. Bien mieux, il a lui-même reconnu que tout ce que disait Olympiodore était l'expression de la vérité (1). Et maintenant, Olympiodore, qui ne doit son triomphe qu'à la complaisance coupable avec laquelle Callistrate s'est conformé à leur convention, refuse de l'exécuter à son tour !

N'est-il pas étrange de voir ce plaideur argumenter d'un contrat déshonnéte, se faire une arme d'une connivence frauduleuse et réclamer en justice le prix de sa mauvaise action (2) ?

§ 5.

A Rome, lorsque l'héritier externe mourait avant d'avoir fait adition, sa vocation héréditaire ne passait pas à ses propres héritiers : *Hereditas non adita non transmittitur.* Il en était de même à Athènes. Si l'héritier obligé de demander l'envoi en possession décédait sans l'avoir obtenu, son

(1) *Eod. loc.*, § 44, Reiske, p. 1179.
(2) Un autre exemple de pacte entre prétendants à une succession nous est offert par Démosthène, *C. Macartatum*, §§ 7, 10, 30, 38, Reiske, p. 1052, 1053, 1059 et 1062.

droit s'éteignait avec lui, et les continuateurs de sa personne n'étaient pas admis à l'exercer de son chef (1).

Ce principe du droit attique que *hereditas non adjudicata non transmittitur* fut appliqué à la succession d'Hagnias. Au moment de sa mort, Hagnias, entre autres parents, avait quatre cousins au sixième degré : Eubulide, Stratios, Stratoclès et Théopompe (2). Les trois premiers moururent sans que l'envoi en possession eût été prononcé en leur faveur et tous les trois laissèrent des enfants. Théopompe, le dernier survivant des premiers successibles, n'eut pas un instant l'idée de partager avec les représentants de ses anciens cohéritiers. Il affirma, sans hésiter, que, grâce à la mort d'Eubulide, de Stratios et de Stratoclès, il était seul au degré le plus rapproché du défunt et que la succession d'Hagnias devait lui appartenir tout entière : Λείπομαι δ' ἐγὼ μόνος τῶν πρὸς πατρὸς ὢν ἀνεψιοῦ παῖς, ᾧ μόνῳ κατὰ τοὺς νόμους ἐγίγνετο ἡ κληρονομία (3). Une fille d'Eubulide, parente au septième degré, s'était précédemment fait envoyer en possession ; Théopompe agit contre elle en pétition d'hérédité

<hr>

(1) Isée, *De Hagniæ hereditate*, § 22, Didot, p. 313.

(2) Ces quatre parents se rattachaient à Hagnias, *de cujus*, par leur bisaïeul Buselus. Régulièrement, en vertu des règles que nous avons exposées chapitre I, section III, § 6, ils ne devaient succéder à Hagnias qu'à défaut de véritables parents, μέχρι ἀνεψιῶν παίδων, dans la ligne paternelle et dans la ligne maternelle.

(3) Isée, *De Hagniæ hereditate*, § 10, Didot, p. 311.

et son action triompha (1). Un fils de Stratoclès,
sans se laisser intimider par l'échec de sa cousine,

(1) *Eod. loc.*, § 18, Didot, p. 312. — Il faut noter, en passant, que, si la fille d'Eubulide, Phylomaque II, succomba
dans ce procès, ce fut par la faute de son défenseur; elle
aurait pu aisément opposer à Théopompe une défense invin-
cible. Théopompe, en effet, ne se rattachait pas par un lien
de descendance à l'aïeul d'Hagnias; il se rattachait seulement
à son bisaïeul, tandis que Phylomaque II se rattachait d'un
côté à l'aïeul d'Hagnias et de l'autre à son bisaïeul. Elle
pouvait donc dire à Théopompe : Je suis parente au degré
successible dans la ligne paternelle, car je suis fille d'un
cousin-germain paternel du défunt, je suis ἀνεψιοῦ παῖς; vous,
au contraire, vous êtes en dehors de la première parenté
légale, et vous ne pourez venir qu'à défaut de parents dans
la ligne paternelle et dans la ligne maternelle. — Mais Théopompe, à l'aide d'une argumentation insidieuse dont nous
avons déjà montré l'inexactitude, fit admettre par les juges
que les cousins issus de germains (οἱ ἀνεψιῶν παῖδες) succédaient dans la ligne paternelle et excluaient les parents maternels. Il affecta ensuite de voir dans Phylomaque II, non
pas la fille d'Eubulide, fils de Phylomaque I et petit-fils
d'Hagnias I, l'aïeul du défunt, mais bien la fille d'Eubulide,
fils de Philagros, petit-fils d'Eubulide I et arrière-petit-fils
de Buselus, le bisaïeul du défunt. — Le défenseur de Phylomaque n'aperçut pas le piége que lui tendait Théopompe; il
ne sut pas montrer aux juges que son adversaire ne leur
présentait qu'un côté de la généalogie. Sans doute, par son
aïeul paternel, Phylomaque était parente du *de cujus* au
septième degré seulement; mais, par son aïeule paternelle,
elle était parente au cinquième degré, et à ce titre elle excluait complétement Théopompe. — Le procès fut perdu,
parce que le défenseur de Phylomaque, pressé par le temps,
troublé par l'émotion, ne répondit pas aux sophismes de son
adversaire et ne présenta pas l'affaire sous son véritable jour
(Démosthène, *C. Macartatum*, § 9, Reiske, p. 1051).

vint plus tard demander à Théopompe, son oncle, une moitié de la succession ; Théopompe sortit victorieux de cette nouvelle lutte (1). Quant aux enfants de Stratius, ils s'inclinèrent, sans murmurer, devant les droits de Théopompe, tant ces droits leur parurent évidents : Οὐδὲν αὐτοῖς ἐνόμιζον προσήκειν τούτων τῶν χρημάτων (2).

(1) Isée, *De Hagniæ hereditate*, § 5, Didot, p. 310.
(2) Isée, *Eod. loc.*, §§ 15, 16, 19, Didot, p. 312.

CHAPITRE III.

DROITS ET OBLIGATIONS DE L'HÉRITIER.

SOMMAIRE. — § 1. Créances et dettes. — § 2. Cérémonies funéraires. — § 3. Vengeance du meurtre. —
§ 4. Succession aux distinctions honorifiques. —
§ 5. Transmission de l'atimie et des responsabilités
pécuniaires.

§ 1.

L'héritier, représentant du défunt et continuateur de sa personne juridique, était le maître du patrimoine du défunt; il disposait librement de tous les objets qui en faisaient partie.

Mais, en même temps qu'il recueillait l'actif de la succession, il était nécessairement grevé du passif (1). Les créanciers du défunt pouvaient

______

(1) Dans les comptes rendus par les inspecteurs des arsenaux (ἐπιμελῆται τῶν νεωρίων), il est souvent question de

s'adresser à lui et lui demander le paiement des dettes de son auteur (1). « Il n'y a pas de loi, dit Démosthène, qui permette à une personne de posséder les biens de son frère, de les aliéner à sa guise, et de ne pas payer les obligations contractées par ce frère (2). » Les deux idées d'hérédité et de paiement des dettes de la succession paraissaient si intimement unies que celui qui élevait des prétentions au titre d'héritier croyait établir un préjugé en sa faveur en démontrant qu'il avait payé les créanciers du défunt (3).

Lorsqu'il y avait plus de passif que d'actif, ou, pour employer l'expression consacrée, lorsque la succession, au lieu d'être libre (ἐλεύθερος), succombait sous le poids des dettes (ὑπόχρεως), nul n'était bien pressé de la réclamer (4). L'héritier était, en effet, tenu, non-seulement sur les biens héréditaires, mais encore sur ses biens propres, de telle sorte que l'acceptation d'une succession insolvable cau-

sommes payées par les héritiers des triérarques morts débiteurs du trésor public. Voir Böckh, *Urkunden über das Seewesen des attischen Staates*, 1840, p. 480 et suiv. Cf. p. 213.

(1) Théophème prétend qu'il a remis à Démocharès des agrès que l'État lui avait confiés. Démocharès est mort laissant des enfants mineurs. C'est contre ces enfants que Théophème dirige l'action en restitution, ἐπάξεται τοῖς παιδίοις (Démosthène, *C. Evergum et Mnesibulum*, § 32, Reiske, p. 1148).

(2) *C. Lacritum*, § 4, Reiske, 924.
(3) Isée, *De Aristarchi hereditate*, § 15, Didot, p. 307.
(4) Isée, *Eod. loc.*, § 16, Didot, p. 307.

sait à l'hériti:r un grave préjudice et compromettait sa fortune personnelle (1). — Aussi voyons-nous, dans un texte épigraphique, un citoyen, nommé Sopolis, exposé à la confiscation de toute sa fortune parce qu'il a accepté l'hérédité de son frère Céphisodore, mort débiteur des arsenaux de l'État. Sopolis ne peut conjurer l'expropriation qu'en donnant en paiement une partie de sa fortune personnelle (2).

L'héritier devait aussi acquitter les legs et toutes les autres libéralités faites par le défunt, notamment les εὐχαί en faveur des enfants naturels. Ménéxène avait promis d'offrir à sa ville natale des *ex-voto* d'une valeur de trois talents et il était mort sans avoir accompli son vœu. Le devoir de l'héritier était, nous dit Isée, de dégager promptement la parole de son auteur (3).

L'héritier était enfin tenu de respecter les actes faits par le défunt. « C'est une indignité, dit Démosthène, j'en atteste la Terre et les Dieux, de se présenter comme le fils d'une personne et d'oser traiter comme non-avenus les actes que cette personne a faits de son vivant, ἄκυρα ποιεῖν ἃ ἐκεῖνος ἔπραξε ζῶν (4).

(1) Isée, *Eod. loc.*, §§ 16-17, Didot, p. 307.

(2) Böckh, *Urkunden über das Seewesen*, p. 534, lignes 104 et suiv.; *eod. loc.*, p. 212 et suiv.

(3) *De Dicæogenis hereditate*, § 41, Didot, p. 273.

(4) Démosthène, *C. Bœotum de nomine*, § 21, Reiske, p. 1001.

§ 2.

On sait quelle importance les anciens attachaient à la sépulture et au culte des morts. D'après leur croyance, le malheureux, dont le corps n'avait pas été mis en terre avec des rites consacrés, était condamné à errer, sans trouver jamais ni repos ni bonheur. Celui-là même, qui avait été régulièrement inhumé, souffrait les tortures de la faim et était quelquefois réduit à quitter sa demeure souterraine, si, de temps à autre, des offrandes et des repas funèbres n'étaient pas déposés sur sa tombe. Le mort négligé devenait un être malfaisant, au lieu d'être une Divinité protectrice. De là pour les vivants le devoir d'honorer les morts.

C'était naturellement l'héritier qui était tenu de donner au défunt une sépulture conforme aux usages; c'était lui qui devait visiter périodiquement le tombeau et offrir aux mânes la nourriture et les libations. « Iis sunt sacra adjuncta, dit Cicéron, ad quos patrisfamilias morte pecunia venerit (1).....
Pontifices pecuniam sacris conjungi volunt (2). » Les deux idées de succession et d'offrande de repas funèbres aux mânes du défunt sont encore, pour les Grecs comme pour les Romains, deux idées inséparables, que l'orateur Isée rapproche d'une façon frappante : Κληρονόμον εἶναι καὶ ἐπὶ τὰ χρήματα

(1) *De Legibus*, II, 19, 47.
(2) *Eod. loc.*, II, 20, 50.

εἶναι γέμοντα καὶ εὐτρεποῦντα (1). « Il faut, dit ailleurs le même orateur, avoir perdu tout sentiment de pudeur pour oser réclamer l'hérédité d'une personne à laquelle on a négligé de rendre les honneurs prescrits par l'usage (2). »

Les pieuses visites à la tombe du défunt avaient lieu ordinairement le troisième et le neuvième jour après les funérailles (3). Puis, chaque année, le jour anniversaire de la mort, un nouveau repas funèbre (τὸ τῶν νεκρῶν ἄριστον) (4) était offert aux mânes (5). Visites et offrandes étaient rigoureusement obligatoires pour l'héritier. Ni l'âge, ni les infirmités, ni l'absence ne pouvaient en dispenser. L'héritier mineur était représenté par son tuteur (6); le majeur absent ou malade, par ses parents ou par ses amis (7).

Quelquefois le mourant, pour se prémunir contre la négligence de ses héritiers, chargeait un de ses affranchis des cérémonies funéraires. Dans les actes d'affranchissement trouvés à Delphes, on voit souvent le maître imposer à l'esclave, comme condition

(1) *De Philoctemonis hereditate*, § 51, Didot, p. 280.
(2) *De Nicostrati hereditate*, Didot, § 19, p. 263; cf. *De Astyphili hereditate*, § 4, Didot, p. 293.
(3) Isée, *De Meneclis hereditate*, § 37, Didot, p. 248; *De Cironis hereditate*, § 39, Didot, p. 297.
(4) Scholia in Aristophanem, *Lysistrata*, vers 612, Didot, p. 256.
(5) Isée, *De Meneclis hereditate*, § 46, Didot, p. 249.
(6) Isée, *De Cleonymi hereditate*, § 10, Didot, p. 237.
(7) Isée, *De Astyphili hereditate*, § 4, Didot, p. 293.

de la liberté qu'il lui accorde, l'obligation de rendre à l'affranchissant, après sa mort, tous les honneurs que l'usage prescrit de rendre aux mânes (1). Souvent le maitre indique avec détails quelles sont les offrandes qu'il exige. Les affranchis de Philon, fils de Télésarque, devront toujours demeurer à Delphes pour être à proximité du tombeau de leur ancien maitre, et, deux fois par mois, le premier et le septième jour, ils déposeront sur ce tombeau des couronnes de laurier tressé (2). Nous voyons ailleurs que l'affranchi devra chaque année couvrir de fruits la tombe de son maitre (3).

Les héritiers veillaient alors à ce que l'affranchi se conformât à son devoir ; il avait tout intérêt à n'y pas manquer. Sa liberté était, en effet, conditionnelle, et, si, par sa négligence, il faisait défaillir la condition, il pouvait, par un jugement arbitral, être remis en servitude. La charge de l'ἐντάφια retombait alors sur les héritiers, mais ils recouvraient l'esclave et les biens dont le maitre avait pu le gratifier.

§ 3.

Plusieurs historiens rattachent à l'hérédité l'obligation de venger le meurtre du défunt. Nous ne suivrons pas leur exemple. Le devoir de faire

(1) *Inscriptions recueillies à Delphes* par MM. Wescher et Foucart, nº 58, lignes 18 et suiv. ; cf. nᵒˢ 24, 66, 131, etc.
(2) *Eod. loc.*, nᵒˢ 136, 142, 420.
(3) *Eod. loc.*, nº 110, lignes 21 et suiv.

punir l'homicide n'était pas, en effet, inhérent à la qualité d'héritier; il dérivait de la parenté ou de l'alliance, indépendamment de toutes relations de successibilité.

A l'origine, c'étaient tous les membres de la famille, et ἐν γένει, successibles ou non, qui avaient le droit de réclamer vengeance. Plus tard, cette faculté fut restreinte à certanis parents ou alliés. Une loi, dont le texte nous a été conservé dans les manuscrits de Démosthène (1) et a été récemment déchiffré sur un marbre trouvé à Athènes, accorde le droit de προειπεῖν à ceux qui sont ἐντὸς ἀνεψιότητος (2), c'est-à-dire aux parents jusqu'au degré de cousin germain exclusivement, et le droit de ἐπιδίωξις aux cousins germains du défunt, à leurs enfants (cousins au cinquième degré), aux gendres, aux beaux-pères, aux membres de la phratrie (3). — Mais toutes ces personnes ont le droit d'agir concurremment, bien qu'elles ne soient pas sur la même ligne pour la dévolution des hérédités et que les dernières soient appelées à la succession seulement à défaut des premières. Elles ont toutes le droit d'agir, bien que quelques-unes, celles qui sont simplement alliées, les gendres, les beaux-pères, ne figurent pas sur

---

(1) C. *Macartatum*, § 57, Reiske, 1068.

(2) Sur l'interprétation des mots ἐντὸς ἀνεψιότητος, voir Philippi, *Areopag und Epheten*, p. 71 et suiv.

(3) Köhler, *Hermes*, II, p. 27 et suiv.; Kirchhoff, *Corpus Inscriptionum atticarum*, I, n° 61, p. 37 et suiv.; Philippi, *Areopag und Epheten*, p. 333 et suiv.

le tableau des successibles. Ainsi, par exemple, le frère et le neveu de l'homicidé ont le droit de τιμωρεῖν, lors même qu'ils ne sont pas héritiers parce qu'ils sont primés par des descendants.

Ce qui prouve bien que le droit de poursuivre la vengeance du meurtre appartient à tous les parents ci-dessus désignés, et non pas seulement à ceux qui, étant les plus proches, ont le titre d'héritiers, c'est que, pour la validité de la transaction entre le meurtrier et la famille, transaction qui dans certains cas éteint l'action publique, il faut l'accord de toutes les volontés, du père, du frère, des descendants de la victime, et que le refus d'un seul est un obstacle insurmontable à l'αἴδεσις (1).

§ 4.

L es distinctions honorifiques étant de droit atta-chées à la personne, l'héritier ne les trouvait pas dans la succession, puisqu'elles s'étaient éteintes par la mort du titulaire. Il y avait cependant des exceptions.

Comme exemple d'honneur transmissible *jure hereditario*, au moins dans quelques cas exceptionnels, nous citerons le droit, si recherché des Athéniens et que Socrate réclamait devant ses juges, de prendre chaque jour ses repas dans le Prytanée aux frais du trésor public. D'après les anciennes légendes relatives à Codrus, Kléomantis, citoyen

(1) Voir sur ce point Philippi, *Areopag*, p. 136 et suiv.

de Delphes, qui avait communiqué aux Athéniens
l'oracle promettant la victoire aux Doriens pourvu
que la vie du roi d'Athènes fût respectée, reçut en
récompense la σίτησις ἐν Πρυτανείῳ pour lui et pour
ses descendants (αὐτῷ τε καὶ ἐκγόνοις) (1). A une
époque moins reculée, une faveur analogue fut
accordée aux héritiers d'Harmodius et d'Aristogiton ; une inscription athénienne, récemment
commentée par M. Schœll, porte que la σίτησις
appartient au plus proche parent de chacun des
tyrannicides (ὃς ἂν ᾖ ἐγγυτάτω γένους) (2). Plus
tard, les Athéniens se montrèrent moins réservés
dans la concession de ce privilége. Démosthène,
Démocharès, Lycurgue (3), Hérodore (4), etc.,
reçurent, en prix des services qu'ils avaient rendus
à la République, la σίτησις pour eux καὶ τῶν ἐκγόνων
ἀεὶ τῷ πρεσβυτάτῳ. — Ces derniers mots signifient,
non pas, comme l'a cru Meier, que le plus âgé de
chaque génération avait droit à la σίτησις et que le
frère puîné prenait la place de son frère aîné ; mais
bien que le privilége était transmissible, comme la
royauté (5), comme nos anciens majorats, de mâle
en mâle par ordre de primogéniture. Le titulaire

(1) Lycurgue, *C. Leocratem*, § 87, Didot, p. 16.
(2) *Hermes*, VI, 1872, p. 31.
(3) Plutarque, *Vitæ X oratorum*, *Decreta*, Didot, p. 1036
et suiv.
(4) Rangabé, *Antiquités helléniques*, II, nᵒˢ 443 et 565.
(5) Platon, *Critias*, Didot, p. 255 et suiv.; voir surtout
p. 256, l. 5 et suiv., où le philosophe emploie les mots dont
nous cherchons le sens.

qui décédait laissant des enfants et des frères était
remplacé par l'aîné de ses enfants et non par l'aîné
de ses frères (1). — Quant aux femmes, des raisons
de décence publique ne permettaient pas qu'elles
vinssent s'asseoir à la table du Prytanée ; l'État
pouvait tout au plus, lorsqu'elles étaient dans la
misère, leur accorder des secours ἐκ τοῦ Πρυτανείου.
C'est ce qu'il fit pour les filles d'Aristide et peut-
être pour une petite-fille d'Aristogiton (2). Mais
cette libéralité n'a rien de commun avec la distinction honorifique qui nous occupe.

L'ἀτέλεια, autre distinction honorifique, qui
consistait dans l'exemption de certains impôts
pesant sur les habitants de l'Attique, était ordinairement viagère (3) ; mais quelquefois le décret
qui la concédait l'étendait aux héritiers. Ainsi les
représentants d'Harmodius et d'Aristogiton étaient
exemptés de la plupart des charges légales (4), et
cette faveur paraissait si digne de respect que
Leptine lui-même, lorsqu'il proposa la suppression
de toutes les ἀτέλειαι, se crut obligé de faire une
réserve pour les successeurs des deux illustres
tyrannicides (5). Le même privilége fut accordé à
d'autres Athéniens, à Conon (6), à Chabrias (7),

(1) Schœll, *Hermes*, *loc. cit.*
(2) Plutarque, *Aristides*, 27.
(3) Voir Démosthène, *C. Leptinem*, § 64, Reiske, 476.
(4) *Eod. loc.*, § 29, Reiske, 466.
(5) *Eod. loc.*, §§ 18, 127, 128, 160, Reiske, 462, 495 et 506.
(6) *Eod. loc.*, § 71, Reiske, 478.
(7) *Eod. loc.*, §§ 75 et 79, Reiske, 479 et 481.

entre autres, et même à des étrangers qui avaient rendu de grands services à la République athénienne, par exemple à Leukon, roi de Bosphore (1) et à Epikerdès de Cyrène (2). Nous voyons les enfants de tous ces illustres personnages en possession de l'ἀτέλεια dont avaient joui leurs pères.— Cette transmissibilité de l'exemption de certains impôts paraissait naturelle aux Grecs, et on la rencontre assez fréquemment en dehors de l'Attique. Une inscription de Delphes parle de l'immunité τῆς χορηγίας καὶ τῆς ἰατρικῆς accordée à un citoyen et à sa postérité (3). Une inscription de Chypre attribue l'ἀτέλεια τῶν ἱερῶν à un bienfaiteur du temple de Neptune et à ses descendants (4).

§ 5.

Si les honneurs étaient parfois héréditaires, par une dure réciprocité, l'atimie ou dégradation civique passait quelquefois du défunt à ses héritiers; non pas seulement à ses descendants, mais à tous ses héritiers indistinctement. Une loi athénienne le dit expressément : Ἀτίμους εἶναι καὶ αὐτοὺς καὶ γένος καὶ κληρονόμους τοὺς τούτων (5).

On sait que les débiteurs du trésor public,

(1) *Eod. loc.*, § 29, Reiske, 466.
(2) *Eod. loc.*, § 46, Reiske, 471.
(3) Wescher et Foucart, *Inscriptions de Delphes*, n° 16.
(4) Le Bas et Waddington, *Inscriptions de l'Asie-Mineure*, n° 2779.
(5) Démosthène, *C. Macartatum*, § 58, Reiske, 1069.

lorsqu'ils ne payaient pas leurs dettes à l'époque fixée par la loi ou par la convention, étaient, de plein droit et par la seule échéance du terme, frappés d'une atimie, qui leur enlevait, sinon la jouissance, au moins l'exercice de leurs droits civils. S'ils mouraient avant leur libération, leurs héritiers, qui succédaient à leurs obligations, se trouvaient à leur tour débiteurs de l'État, et, comme tels, frappés d'atimie jusqu'à parfait paiement (1). — Il est vrai que l'atimie était alors plutôt un moyen de contrainte qu'une vraie pénalité.

Mais l'atimie, pénalité proprement dite, enlevant la jouissance des droits civils, cette atimie que le législateur avait édictée pour réprimer certaines infractions, était quelquefois transmissible à la postérité du condamné. Ainsi les descendants légitimes ou naturels du traître étaient ἄτιμοι; il en était de même dans le cas de corruption active ou passive de fonctionnaires publics. Peut-être même faut-il assimiler le vol à ces délits; mais ici il y a controverse.

Les Athéniens, tout en admettant que l'atimie ou dégradation civique pouvait être héréditaire, reconnaissaient pourtant que les fautes sont personnelles et qu'un fils ne doit pas être poursuivi pour les infractions commises par son père : Οὐ γὰρ δίκαιον παρ' ἐμοῦ μὲν ὑπὲρ ὧν ὁ πατὴρ ἔπραξε δίκην

(1) Voir *Dictionnaire des Antiquités grecques et romaines*, s. v. Ατιμια, p. 522.

λέγονται (1). C'est pour ce motif que la mort de l'accusé mettait fin aux actions publiques.

Quant aux actions privées, il fallait distinguer entre celles qui avaient le caractères d'actions pénales et celles auxquelles ne s'attachait pas une idée de pénalité (2). La δίκη βλάβης ou action en réparation d'un dommage causé nous offre une application notable de cette règle. Quand le dommage était intentionnel et devait être réparé au double, l'action ne pouvait être dirigée que contre l'auteur du dommage ; si donc il mourait au cours de la procédure, l'action ne pouvait pas être continuée contre ses héritiers. Au contraire, lorsque le dommage devait être réparé au simple, l'action était transmissible et les héritiers étaient responsables (3). — Le riche banquier Pasion est poursuivi par Callippe, qui lui reproche d'avoir fait sciemment un paiement irrégulier, et l'action intentée est la βλάβης δίκη (4) qui expose le défendeur à payer le double du préjudice. Pasion meurt. La δίκη βλάβης se trouve éteinte par le décès de l'auteur du fait dommageable et le demandeur est réduit à intenter une autre action, l'ἀργυρίου δίκη (5), action

(1) Isocrate, *De Bigis*, 61. Clermont-Tonnerre, III, p. 298.
(2) Cf. Gaius, c. IV, § 112.
(3) Voir Démosthène, *C. Nausimachum et Xenopithem*, *argumentum*, Reiske, 984 ; § 2, Reiske, 985 ; la δίκη βλάβης est ici intentée contre les héritiers du tuteur pour sommes que celui-ci a touchées depuis la fin de la tutelle.
(4) Démosthène, *C. Callippum*, § 14, Reiske, 1240.
(5) *Eod. loc.*, §§ 14 et 16, Reiske, 1240.

de droit civil, donnée à tous ceux qui réclament le
paiement d'une somme d'argent. L'ἀργυρικὴ δίκη,
n'impliquant pas une idée de peine, est possible
contre des héritiers.

CHAPITRE IV.

DES PARTAGES ENTRE COHÉRITIERS.

Sommaire. — § 1. Inconvénients des partages. — § 2. Actions en partage. — § 3. Composition de la masse et rapports. — § 4. Formation et attribution des lots. — § 5. Division des créances et des dettes.

§ 1.

Le partage d'une succession a dû être, de tout temps, une cause de querelles et de haines entre parents. Il ne faut donc pas s'étonner de rencontrer, dans l'histoire des mœurs d'Athènes, des faits identiques à ceux qui se passent sous nos yeux. Sans aller aussi loin que ces frères, dont parle Isée, qui, pour un misérable immeuble laissé par leur père, en vinrent aux mains et se battirent si rudement que l'un d'eux fut blessé à mort (1), les cohéritiers, sous la pression de l'intérêt, se comportaient plus souvent en ennemis qu'en parents. Les tribunaux athéniens furent maintes fois obligés d'intervenir, non pas, hélas ! pour rétablir l'harmonie entre les copartageants, mais au moins pour mettre un terme à leurs dissensions.

Plutarque s'est efforcé de réagir contre l'égoïsme qui inspirait ces luttes. « Que des frères, dit-il, ne se déclarent pas mutuellement la guerre lorsqu'ils ont à partager la succession de leurs parents. Qu'ils se gardent bien de suivre l'exemple commun en se préparant à la lutte et de marcher à la rencontre de leurs frères en s'excitant par ce cri belliqueux : *Viens à mon aide, ô Déesse des combats !* Qu'ils pensent que le jour du partage peut être pour les uns le point de départ d'une ère de dissentiments et de haines sans remèdes, pour les autres le commencement d'une vie d'amitié et de concorde. Qu'ils fassent le partage entre eux seuls, à l'amiable, ou du moins qu'ils se contentent d'appeler un ami commun qui leur servira à tous de juge impartial. Que devant cet ami, ils procèdent loyalement, comme le veut la justice, à la formation des lots. Qu'ils adoptent pour règles dans l'attribution des parts leur mutuelle amitié et leurs convenances réciproques. Qu'ils divisent entre eux les soucis qu'engendre l'administration d'une fortune, et qu'ils laissent en commun pour tous la jouissance et la

(1) Isée, *De Astyphili hereditate*, § 17, Didot, p. 301.

possession. Il y a des frères qui se disputent vio-
lemment des femmes qui les ont nourris, des
enfants qui ont été élevés avec eux. Ils se croient
fort habiles, parce qu'ils ont un esclave de plus que
leurs frères, et ils ne voient pas qu'ils ont sacrifié
le plus grand et le plus précieux de tous les biens
laissés par leur père : l'amour et la confiance de
leurs frères. Nous en connaissons, qui, sans intérêt
véritable et uniquement pour donner satisfaction
à leur penchant pour la lutte, se sont comportés,
en partageant les biens de leur père, comme des
pirates qui se disputent une proie. Chariklès et
Antiochus d'Oponte brisaient un vase d'argent et
déchiraient un habit, comme si quelque impréca-
tion tragique les eût condamnés à se servir d'une
épée pour diviser leur patrimoine. D'autres s'enor-
gueillissent de ce que, par artifices, par ruses, par
impostures, ils ont obtenu plus que leurs frères.
Cependant, la seule chose dont on puisse se glo-
rifier et qu'on doive tenir en haute estime, c'est
de surpasser ses frères en douceur, en bienveillance,
en générosité (1)... •

Le mal était si général que le désintéressement
d'un frère, au moment du partage d'une succession,
était regardé comme un fait exceptionnel, dont on
devait tenir grand compte. Nous voyons dans
Lysias un magistrat dont l'élection est attaquée,
et qui, pour la défendre devant le Sénat, invoque
ce titre d'honneur : J'ai été généreux pour mes

______

(1) *De fraterno amore*, XI, Didot, p. 586.

sœurs ; je n'ai pas rigoureusement exigé, quand mon père est mort, que la part de mon frère fût mathématiquement égale à la mienne (1).

Quelquefois, pour prévenir les dissensions que ces luttes d'intérêt pouvaient amener entre ses descendants, le père de famille faisait lui-même, pendant sa vie, le partage de sa fortune. Nous trouvons dans Démosthène un exemple de ces démissions de biens. Buselus, lorsque ses cinq fils furent devenus majeurs, distribua entre eux tous ce qu'il possédait. L'orateur ajoute que le partage fut loyal et équitable, comme le veulent la raison et les convenances : Διένειμεν καλῶς καὶ δικαίως, ὥσπερ προσῆκεν (2).

D'autres fois les intéressés, avant de commencer les opérations du partage, s'engageaient, par les serments les plus solennels, à répartir loyalement et équitablement tous les biens déjà connus du défunt, à éviter que le lot de l'un ne fût plus fort que celui des autres cohéritiers, à rechercher d'un commun accord les biens qui avaient pu leur

(1) Lysias, *Pro Mantitheo*, § 10, Didot, p. 172.

(2) Démosthène, *C. Macartatum*, § 19, Reiske, 1055. — Les lois indiennes ne se bornent pas à permettre au père de famille de partager, lorsqu'il le veut, sa fortune entre ses fils ; elles autorisent les enfants, dans certains cas assez élastiques, à exiger ce partage, quelles que soient les résistances du père (*Journal des Savants*, 1875, p. 509). — Le législateur athénien s'était bien gardé d'accorder aux descendants un pareil droit, dont des natures cupides n'auraient pas manqué d'abuser.

échapper, et à ne rien faire sans s'être préalablement concertés sur l'utilité des mesures à prendre (1).

§ 2.

LES contestations qui pouvaient surgir entre cohéritiers à l'occasion d'un partage rentraient toutes dans la compétence de l'archonte éponyme, lorsque les parties étaient citoyennes; de l'archonte polémarque, lorsqu'elles étaient étrangères. — Mais les juges n'étaient pas toujours les mêmes.

Quand l'un des intéressés soutenait qu'il n'y avait pas lieu à partage, par exemple, parce qu'il n'y avait pas indivision ou parce que les héritiers étaient convenus de rester pendant quelque temps en communauté, c'étaient, sans doute, les juges ordinaires, les Héliastes, qui vérifiaient si la résistance était fondée et qui décidaient si le partage devait ou ne devait pas être effectué (2).

Lors, au contraire, que les héritiers ne contestaient pas leurs droits réciproques, lorsque les uns se bornaient à refuser le partage exigé par les autres, ou lorsque, tous étant d'accord sur la nécessité d'une division, ils ne pouvaient pas l'effectuer à l'amiable, il y avait lieu à une action que les textes appellent δατητῶν αἵρεσις (3), ou plus exactement

(1) Démosthène, *C. Olympiodorum*, § 9, Reiske, 1169; cf. § 10, R. 1170.
(2) Voir Meier, *Attische Process*, p. 379.
(3) Bekker, *Anecdota græca*, I, p. 235, 26, où le lexico-

εἰς δατητῶν αἵρεσιν δίκη (1). — D'après l'opinion commune, les parties s'adressaient au magistrat et lui demandaient de choisir (αἱρεῖσθαι), de nommer des experts chargés de procéder au partage (δατεῖσθαι) (2). Meier fait toutefois observer que le titre de δίκη εἰς δατητῶν αἵρεσιν conviendrait mieux à une action par laquelle les parties se mettraient respectivement en demeure de choisir des δατηταί (3). Mais, en cas de désaccord, il fallait bien revenir à la désignation par le magistrat.

Les δατηταί, experts ou arbitres, entendaient les parties, statuaient sur leurs contestations, procédaient à la composition des lots, en un mot dirigeaient *ex æquo et bono* toutes les opérations du partage. Ce caractère d'arbitres explique la confusion que les grammairiens et les lexicographes ont souvent faite des ἐπιτροπαί, arbitres publics, avec les δατηταί. Il n'est pas impossible d'ailleurs que les δατηταί aient été choisis parmi les arbitres publics, toutes les fois que le partage n'offrait pas de difficultés pour la solution desquelles une science technique était exceptionnellement requise (4) ; mais nous ne pouvons admettre que la désignation fût aban-

graphe a écrit par erreur ἐπιτροπῶν pour δατητῶν. Cf. *eod. loc.*, p. 186, 27 et 310, 17.

(1) Harpocration, *s. v.* δατεῖσθαι, éd. Bekker, p. 52 ; Pollux, VIII, 89, cbn. avec 136 ; cf. *eod. loc.*, IV, 176.

(2) Meier, *Attische Process*, p. 378.

(3) Meier, *Die Privatschiedsrichter*, Halle, 1846, p. 29.

(4) Meier, *Attische Process*, p. 378 ; cf. Platner, *Process und Klagen*, II, p. 334.

donnée au hasard et que le magistrat dût se borner à tirer au sort quelques noms sur la liste des arbitres publics (1).

Les ἐπιτραί peuvent donc être comparés aux *arbitri* que le préteur romain nommait *ad erctum ciendum* (2).

Nous ne trouvons dans les textes aucun renseignement sur les particularités de l'εἰς ἐπιτρῶν αἵρεσιν δίκη. Nous sommes seulement réduits à conjecturer que les plaideurs n'avaient à payer ni prytanies ni épobélie, mais que tous devaient payer la παράστασις (3).

§ 3.

Les opérations du partage d'une succession n'étaient pas moins compliquées à Athènes, que chez nous.

Il fallait avant tout former la masse partageable.

Cette masse se composait d'abord de tous les biens meubles et immeubles que le défunt possédait au moment de sa mort. Pour prévenir toute incertitude sur leur consistance, les héritiers s'empressaient de dresser, immédiatement après le décès, un inventaire. « Y a-t-il jamais eu, dit Démosthène, un citoyen qui, au moment de partager les biens de son père, ait négligé de consulter les actes écrits

---

(1) Contrà Meier, Eod. loc., p. 378.
(2) Hudtwalcker, *Ueber die Diæteten in Athen*, p. 69.
(3) Meier, *Attische Process*, p. 379.

(γράμματα), à l'aide desquels il pouvait connaître
exactement la fortune laissée par le défunt (τὴν
καταλειφθεῖσαν οὐσίαν) (1)? »

Aux biens existants dans la succession on ajou-
tait les biens rapportés par les héritiers. Chaque
héritier, en effet, était tenu de rapporter à la masse
(εἰς τὸ κοινὸν ἀναφέρειν) les dons qui lui avaient été
faits par le défunt et les sommes dont il était débiteur envers lui. — Polyeucte et sa femme avaient
pour héritières deux filles mariées, l'une à Spudias,
l'autre à un client de Démosthène. Spudias, au
nom de sa femme, reçut entre-vifs de sa belle-mère
une coupe et divers objets d'orfévrerie qu'il donna
en gage à ses créanciers; il obtint également à titre
gratuit une tente ou pavillon, qu'il possédait encore quand la donatrice mourut. A cette époque,
le beau-frère de Spudias lui demanda de rapporter
à la masse (ἀναφέρειν) ces divers objets (2), et,
comme Spudias refusait de se conformer à son
obligation, il l'actionna en justice et prononça un
discours, qui nous a été conservé dans les œuvres
de Démosthène.

Spudias était, de plus, débiteur envers la succession de son beau-père d'une somme de deux
cents drachmes, prix d'un esclave que Polyeucte
lui avait vendu (3). Il devait à la succession de sa
belle-mère dix-huit cents drachmes, que la veuve

(1) Démosthène, *Pro Phormione*, § 19, Reiske, 950.
(2) Démosthène, *C. Spudiam*, § 11, Reiske, 1031.
(3) Démosthène, *Eod. loc.*, § 8, Reiske, 1030.

de Polyeucte lui avait prêtées (1). — Le cohéritier exige que Spudias rapporte à la masse (εἰς τὸ κοινὸν ἀναφέρειν, ἐπαναφέρειν) (2) ces deux sommes, et, comme Spudias résiste, l'orateur lui reproche sa déloyauté. Pourquoi ne suit-il pas l'exemple que son beau-frère lui a donné en s'empressant de rapporter tout ce qu'il devait à Polyeucte (εἰς τὸ κοινὸν φέρειν) (3), principal et intérêts, pour quelque cause que ce fût, et tout ce que sa belle-mère lui avait donné entre-vifs ?

Lorsque la masse était formée, les héritiers, avant de faire les lots, pouvaient être admis à exercer certains prélèvements. — Si, par exemple, le père de famille avait, par testament, donné à l'un de ses enfants un préciput (πρεσβεῖα), ce préciput devait être délivré à l'enfant avantagé préalablement au partage (4). — Si l'un des héritiers avait dissipé des choses héréditaires (ἀναλίσκειν), les autres héritiers pouvaient prélever une valeur égale (ἀντιμοιρία) à celle que leur cohéritier avait détruite (5). — Enfin, si l'un des héritiers était personnellement créancier du défunt, il était autorisé, soit à prélever sur l'actif de la succession le montant de sa créance, soit à en exiger de ses cohéritiers le paiement, déduction faite de la part pour laquelle il représentait le défunt. Une des filles de Polyeucte n'avait

(1) Démosthène, *Eod. loc.*, § 9, Reiske, 1030.
(2) Démosthène, *Eod. loc.*, § 20, Reiske, 1034.
(3) Démosthène, *Eod. loc.*, § 9, Reiske, 1030.
(4) Démosthène, *Pro Phormione*, § 34, Reiske, 955.
(5) Démosthène, *Eod. loc.*, § 8, Reiske, 946.

reçu au comptant qu'une partie de sa dot ; elle était restée créancière de mille drachmes, garanties par une hypothèque et exigibles à la mort du constituant ; son mari réclame le droit de les prélever sur la masse de la succession de son beau-père (1). Cette même fille avait avancé à son père une mine d'argent ; le mari en réclame la moitié à son beau-frère, et, trouvant toujours la même résistance, il finit par s'indigner contre ce cohéritier déloyal, qui prétend garder pour lui et ne pas rapporter ce qu'il a reçu en avancement d'hoirie, qui demande le partage de tous les biens existants dans la succession, sans autoriser aucun prélèvement, et qui refuse de payer sa part dans les dettes du défunt (2).

§ 4.

Lorsque des héritiers procédaient à l'amiable au partage d'une succession, ils pouvaient composer les lots à leur guise et les répartir par la voie du sort ou d'après les convenances individuelles des successibles. Mais on employait fréquemment un autre moyen, qui ne fut pas complètement inconnu des Romains, que les canonistes exaltèrent au moyen âge (3) et que plusieurs coutumes con-

(1) Démosthène, *C. Spudiam*, § 5, Reiske, 1029.
(2) Démosthène, *Eod. loc.*, § 11, Reiske, 1031.
(3) D'après les vieilles lois galloises, lorsqu'il y a lieu de partager des biens que la loi déclare communs entre les deux époux, la femme fait les lots et le mari choisit : « The wife

sacrèrent formellement : *Alter dividat, alter eli-*
gat (1). L'un des héritiers faisait les lots, les autres
choisissaient (2). C'était ingénieux et l'on était en
droit d'espérer une égalité aussi parfaite que possible ; car l'auteur des lots, étant condamné à garder
pour lui le lot que ses cohéritiers laisseraient de
côté, avait un intérêt manifeste à composer des
parts de même valeur.

Si les héritiers ne pouvaient pas se mettre d'accord, les lots étaient formés par les δατηταί et attribués par la voie du sort. C'est même parce que les
successions étaient habituellement distribuées au
moyen d'un tirage au sort que le mot κλῆρος était
devenu synonyme d'hérédité et qu'il était entré
dans la composition d'un si grand nombre de termes
juridiques en matière successorale.

Quelques auteurs ont prétendu, il est vrai, que
le droit de composer les lots et de faire un choix
entre eux était un privilége accordé par la loi à
l'aîné des enfants (3). Cet aîné aurait même été,
à proprement parler, seul κληρονόμος, titre qui ne
convient qu'à celui qui a pour mission de partager
les biens (κλῆρος-νέμειν), *cujus est bona distribuere.*

is to share, the husband is to choose. » Voir, dans les *An-*
ciens Laws and Institutes of Wales, 1841, le *Venedotian*
Code, livre II, c. 1, § 2, et le *Dimetian Code*, livre II, c.
18, § 26.

(1) Vinnius. *Quæstiones selectæ*, I, 35, § 2.

(2) Démosthène, *C. Olympiodorum*, § 13, Reiske, 1171.

(3) Aux autorités citées ch. 1, sect. 1, § 4, p 30, ajouter
Bunsen, *De jure hereditario Atheniensium*, p. 85.

— Mais nous avons déjà dit ce qu'il faut penser, en droit civil, sinon en droit politique, de ce prétendu droit d'aînesse (1).

Dans la formation des lots, on ne tenait pas compte seulement de la valeur productive, ni même de la valeur vénale des biens ; on se préoccupait surtout de leur solidité. Ainsi, une usine pour la fabrication des boucliers, qui ne rapportait qu'un talent par an, fut considérée comme l'équivalent d'une maison de banque dont les bénéfices s'élevaient chaque année à cent mines. Les cohéritiers voyaient dans l'usine une propriété stable (κτῆμα ἀκίνητον), tandis qu'ils étaient effrayés par les risques considérables attachés à l'exploitation d'une banque (2).

Quelquefois même, pour ne pas laisser un seul des héritiers exposé à toutes les éventualités d'un partage aléatoire, on décidait, dans l'intérêt de tous, que certains biens, une maison de banque, par exemple, une usine, resteraient provisoirement en dehors du partage ; les autres biens étaient distribués entre les successibles. Les biens exclus du partage continuaient d'être la propriété commune, et leurs revenus étaient répartis à des époques déterminées (3).

(1) Voir *suprà* chapitre 1, section 1, § 4.
(2) Démosthène, *Pro Phormione*, § 11, Reiske, 947-948.
(3) Démosthène, *Eod. loc.*, § 9, Reiske, 947.

§ 5.

Les créances qui appartenaient au défunt se divisaient de plein droit entre ses héritiers, et réciproquement chacun des héritiers n'était tenu que proportionnellement à la part pour laquelle il représentait le défunt. — Nausicrate était, dit-on, créancier d'Aristechme pour une somme de quatre talents ; le créancier et le débiteur sont morts laissant, le premier deux, le second quatre enfants. Au lieu d'une seule créance, il y en a maintenant huit. Chacun des héritiers du créancier a droit seulement à deux talents, et, pour les obtenir, il est obligé d'intenter quatre actions contre les quatre héritiers du débiteur. Il ne peut donc demander à chacun qu'un demi-talent ou trente mines (1).

On trouve cependant dans Lysias un cas de poursuite *in solidum* (λῆξις ὑπὲρ ἅπαντος τοῦ χρέους), dirigée contre un seul des héritiers du débiteur primitif. Ératon devait deux talents. Après sa mort, le créancier s'adressa à Érasistrate, le plus jeune des trois enfants d'Ératon, et lui demanda d'exécuter intégralement le contrat (λῆξις πάντος τοῦ συμβολαίου) (2). Le jugement rendu par les tribunaux accueillit cette prétention (3). — Mais le créancier n'est pas convaincu que sa marche ait été régulière ;

(1) Démosthène, *C. Nausimachum*, § 2, Reiske, 985.
(2) Lysias, *De pecuniis publicis*, § 3, Didot, 174.
(3) Lysias, *Eod. loc.*, § 5, Didot, 175.

il cherche à l'expliquer en disant que, au moment
où il a agi, Érasistrate était seul présent à Athènes.
Les deux autres frères étant à l'étranger, Érasistrate
pouvait, à la rigueur, être traité comme leur représentant. Le créancier va même plus loin : il
avoue que la procédure n'a pas été conforme à la
loi ; il renonce à se prévaloir du jugement, si ce
n'est pour un tiers, c'est-à-dire pour la part de
l'héritier qui a été mis en cause. Quant aux deux
autres tiers, il avoue qu'il ne peut pas invoquer
la décision du tribunal (1).

En matière religieuse, la loi avait établi une
véritable solidarité familiale. Prêtres et prêtresses
devaient, tous ensemble et individuellement, καὶ
συλλήβδην ἅπαντας καὶ χωρὶς ἑκάστους κατὰ σῶμα,
rendre compte de leur sacerdoce. Chacun d'eux était
tenu pour sa part personnelle ; mais les grandes
familles sacerdotales, celle des Eumolpides, par
exemple, et celle des Céryces, devaient solidaire-
ment répondre de tous leurs membres : Οὐ μόνον
ἰδίᾳ, ἀλλὰ καὶ κοινῇ τὰ γένη (2).

(1) Lysias, Eod. loc., § 6, Didot, 175.
(2) Eschine, C. Ctesiphontem, § 18, Didot, p. 100.

TABLE DES MATIÈRES.

14

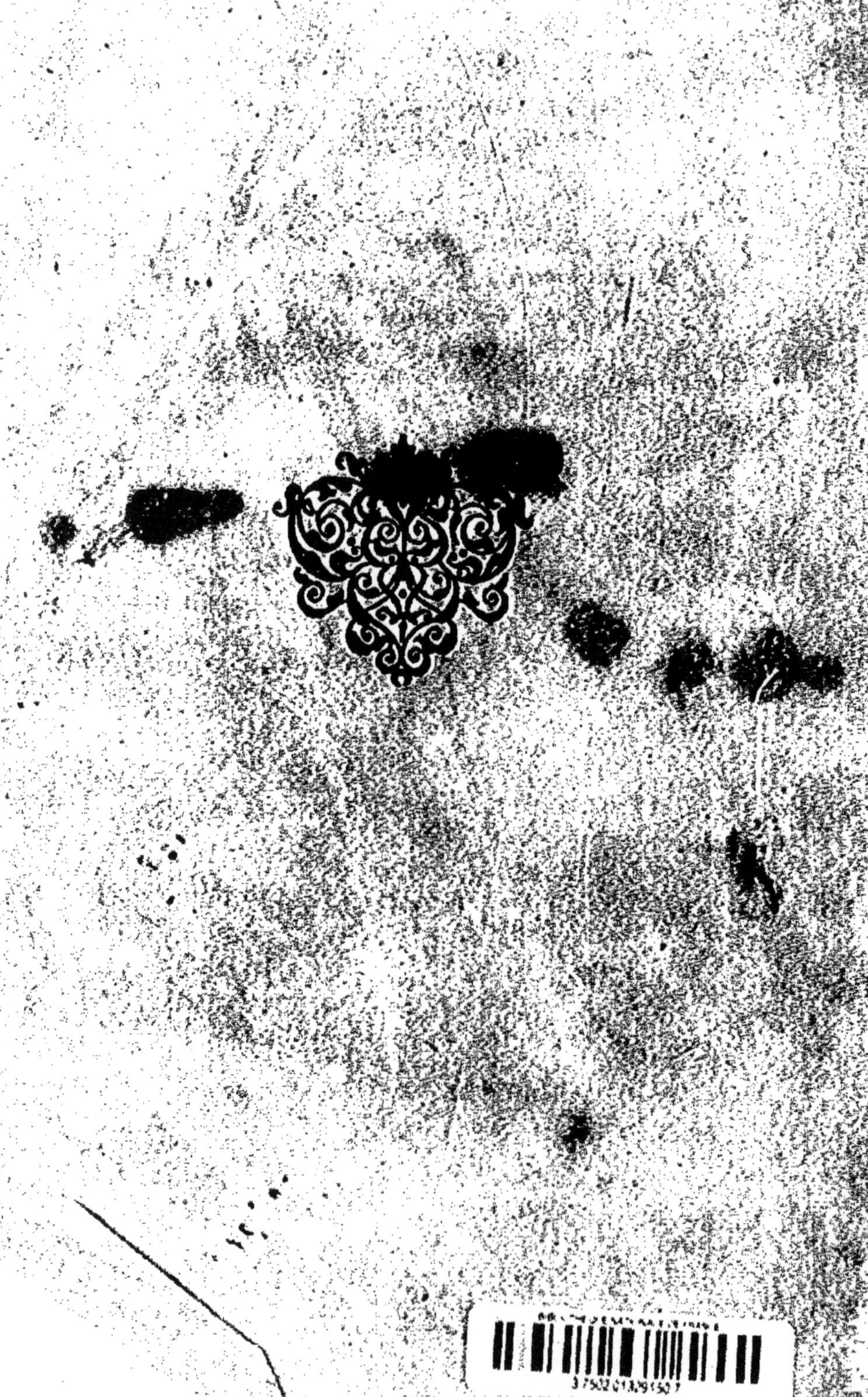

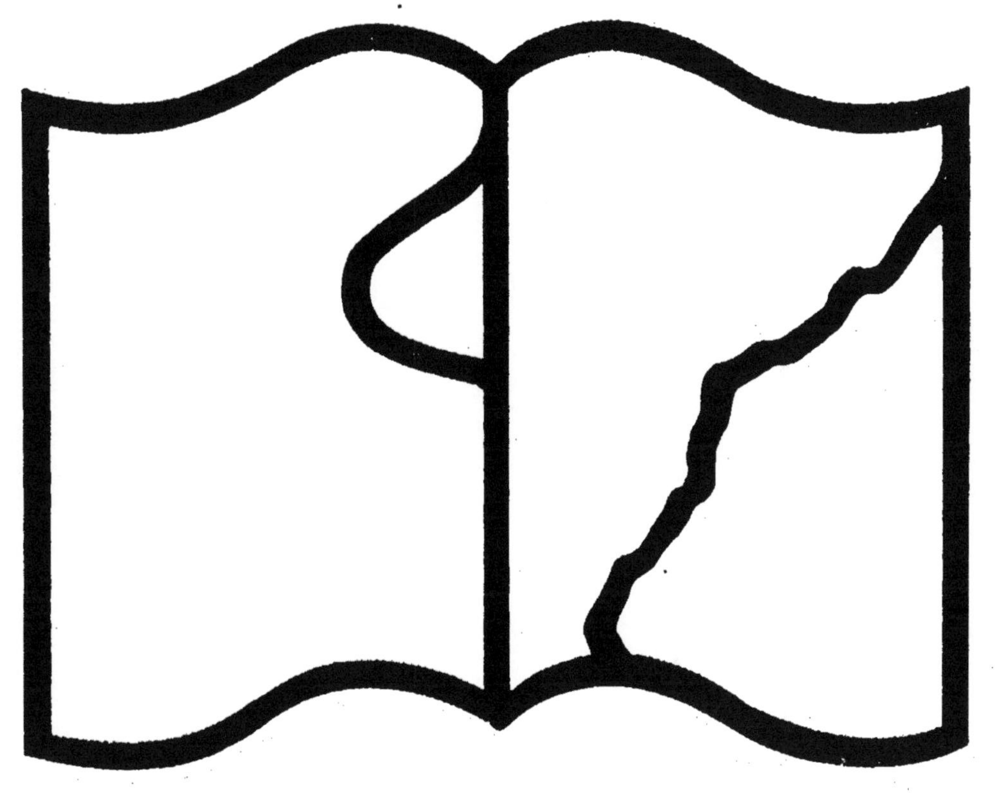

Texte détérioré — reliure défectueuse

NF Z 43-120-11

www.ingramcontent.com/pod-product-compliance
Ingram Content Group UK Ltd.
Pitfield, Milton Keynes, MK11 3LW, UK
UKHW020155130726
13696UKWH00002B/517